화인 디아스포라의 다중정체성과 모국관계

저자

임채완 전남대학교 세계한상문화연구단 전 단장
전남대학교 정치외교학과 명예교수, 정치사회학 박사

김혜련 전남대학교 세계한상문화연구단 전 연구교수
한성대학교 이민·다문화트랙 조교수, 국제학 박사

리단 부경대학교 국제지역학부 중국학 전공 교수, 정치학 박사

최승현 전남대학교 국제학부 한중문화학 전공 교수, 역사학 박사

전남대학교 세계한상문화연구 6차 총서 05

화인 디아스포라의 다중정체성과 모국관계

2019년 6월 25일 초판 인쇄
2019년 6월 30일 초판 발행

지은이 ㅣ 임채완·김혜련·리단·최승현
펴낸이 ㅣ 이찬규
펴낸곳 ㅣ 북코리아
등록번호 ㅣ 제03-01240호
주소 ㅣ 13209 경기도 성남시 중원구 사기막골로 45번길 14 우림 2차 A동 1007호
전화 ㅣ 02-704-7840
팩스 ㅣ 02-704-7848
이메일 ㅣ sunhaksa@korea.com
홈페이지 ㅣ www.북코리아.kr
ISBN ㅣ 978-89-6324-609-3 (93300)
        978-89-6324-557-7(세트)

값 15,000원

• 이 저서는 2016년 대한민국 교육부와 한국연구재단의 지원을 받아 수행된 연구임 (NRF-2016S1A5B8925665).
This work was supported by the Ministry of Education of the Republic of Korea and the National Research
Foundation of Korea (NRF-2016S1A5B8925665).

전남대학교 세계한상문화연구 6차 총서 05

화인 디아스포라의 다중정체성과 모국관계

Chinese Diaspora:
Multiple Identity and Relations with Home Country

임채완 · 김혜련 · 리단 · 최승현

이 총서는 전남대학교 세계한상문화연구단이 2010년도 한국연구재단 대학중점연구소지원사업으로 선정된 "민족분산과 지구적 소통으로서 디아스포라 연구"라는 연구과제 중 제2단계 연구주제인 "동북아 디아스포라의 초국가적 성격"이라는 3년간의 연구과제 중 제2차년도에 해당되는 내용으로 1년간 수행한 연구결과 물을 엮어 책으로 출간한 것이다. 향후 연구단 중점연구는 계속해서 제2단계 3년간 "동북아시아 디아스포라의 초국가적 성격", 제3단계 3년간 "디아스포라 공동체와 지구적 소통"이라는 주제로 총 9년간에 걸쳐 수행되며 연구결과물은 매년 총서로 출판될 예정이다.

본 연구단이 수행하고 있는 중점연구 제2단계의 연구목표는 한국, 중국, 일본 등 동북아 이산민족들의 현지적응과 정착기제를 초국가적인 관점에서 비교하여 이들 국가에서 발생한 이산민족의 보편성과 특수성을 규명하는 데 있다. 이론적으로는 베르브너(Werbner)가 정의한 '디아스포라의 위치(Place of Diaspora)' 개념과 초국가주의(Transnationalism)의 개념을 원용하여 탈영토적 '경계(Border)'에 걸쳐 사는 이주민들의 초국가적인 삶을 재해석하는데 있다. 또한 글로벌 동북아 디아스포라가 거주국에 정착하는 과정에서 마주하게 되는 '물리적 경계(Boundary)'가 어떤 방식으로 그들을 타자화시키고 심리적 경계로 고착화시켜 왔는지, 그리고 모국에 대한 디아스포라들의 상상력은 어떻게 형상화되었고 다중정체성(Multiple-Identity)을 발현시켰는지에 대해 밝히는 데 있다.

구체적으로 제2단계 3년간 수행될 연구내용을 살펴보면, 제1년차에는 동북아 이산민족(해외 한인, 화인, 일계인)의 현지적응과 정착기제를 연구하였다. 모국을 떠난 동북아 디아스포라들이 이주지에서 현지사회로부터 경험한 배제와 타자화의 기제에 대하여 구체적인 사례와 자료수집을 통해 규명하였다. 또한 동북아 디아스포라 이주자들이 어떻게 현지에 적응했는지에 대한 현지적응 기제(Mechanism)를 밝히고 있다. 제2년차에는 해외 한인, 화인, 일계인의 다중정체성과 모국과의 연계성을 비교 연구하는 작업을 수행하였다. 본 연구과제를 수행하기 위해 모국에 대한 동북아 디아스포라의 송금, 모국에 거주하는 가족 내지 친척과의 교류와 방문정도, 모국에 대한 기대와 희망 등을 심층 조사하였다. 그리고 도상학(Iconography)적 관점에서 동북아 디아스포라가 갖는 '모국신화'와 '상징'기제를 조사하여 모국에 대한 기억장치가 어떻게 각인되었고, 실제로 어떻게 작용하였는지에 대하여 분석하였다. 연구과정에서 발굴한 자료들을 가공하여 문화콘텐츠로 개발하였다. 제3년차는 동북아 디아스포라의 사례를 통해 동북아 이산민족의 초국가적 성격의 비교 연구를 수행할 것이다. 먼저 연구 수행을 위해 동북아 민족분산을 유형별(Typology)로 분류하고 이주의 보편성과 특수성을 개념화하는 이론 작업을 시도할 것이다. 또한 동북아 각국에서 국제이주를 유발하는 배출요인(PUSH Factor)과 이주를 수용하는 흡인요인(PULL Factor)이 무엇인지를 비교 연구할 것이다. 이러한 연구를 통해 궁극적으로 동북아 디아스포라의 초국가적 성격을 도출해 낼 것이며 동북아 3국간의 민족분산의 유의미한 차이점을 도출하고 이를 민류학적인 개념의 틀로 분석할 것이다. 2단계 3년간의 연구성과는 아카이브 작업을 통해 '디아스포라 문화자원 DB'로 구축하여 후속연구에 유용한 자료를 제공할 것이다.

연구단은 지금까지 5차총서로서 제1단계 제1차년도 연구총서는『코리안 디아스포라 이주루트와 기억』,『화교 디아스포라의 이주루트와 기억』,『일계인 디아스포라: 초국적 이주루트와 글로벌네트워크』등 총 3권으로 출판하였다. 제2차년도 연구총서는『코리안 디아스포라의 집단적 기억과 재영토화』,『화교 디아스포라의 집단적 기억과 재영토화』,『일계인 디아스포라의 초국적 공간 이동과 재영토화』등 총 3권으로 출간하였다. 제3차년도 연구총서는『코리안 디아스포라의 혼종성과 문화영토』,『화교 디아스포라의 혼종성과 문화영토』,『일계인 디아스포라의 혼종성과 문화 영토』등 총 3권으로 출판하였다. 이상과 같이 제1단계 3년간의 연구총서 는 연구단 5차총서로서 총9권으로 출간하였다.

2단계 1차년도의 연구총서는『코리안 디아스포라의 현지적응과 정착 기제』,『화인 디아스포라의 현지적응과 정착기제』,『일계인 디아스포라 의 문화적응과 정착기제』등 총 3권으로 출간되었다. 이번에 출간하게 될 2단계 2차년도의 연구총서는『코리안 디아스포라의 다중정체성과 모국 관계』,『화인 디아스포라의 다중정체성과 모국관계』,『일계인 디아스포라 의 초국가성과 다중정체성』등 총 3권으로 출간되며 향후 1년간 6차 총서 로서 총9권으로 출간될 예정이다.

중점연구 제2단계 제2차년도는 "해외 한인, 화인, 일계인의 다중정체 성(Multi-Identity)과 초국가성(Transnationality) 탐구"라는 주제로 비교 연구를 수행하였다. 본 연구소는 중점연구 제1팀(해외한인 연구팀), 중점연구 제2팀 (해외화인 연구팀), 중점연구 제3팀(해외일계인 연구팀) 등 3개 팀으로 구성하여 한·중·일 3국을 중심으로 동북아 디아스포라의 새로운 정착지에서의 다중정체성과 초국가성을 비교 분석하였다.

연구방법은 한인, 화인, 일계인의 3개국 사례연구팀을 구성하여 이들 해당지역에 대한 현지조사를 통한 심층면접과 참여관찰을 진행하였다. 또 한 이들 동북아 이산집단의 경험을 비교적 온전히 증언할 수 있는 면담자 를 선정하여 이주민의 다중정체성과 초국가성에 대한 구술자료를 수집하 고 이를 채록하여 연구자료로 활용하였다. 이 연구는 먼저 국내에서 문헌 연구를 바탕으로 현지 설문조사와 면접조사를 실시하였다. 해외지역으로 는 중국, 일본 그리고 국내지역으로는 서울동부이촌동 일본인타운, 경기 도 오산과 충남 천안의 고려인 집거지, 광주시 광산구 월곡동 고려인마을 등을 방문하여 현지조사를 실시하였다. 중점연구의 세부팀별 연구성과 및 자료수집 현황은 다음과 같다.

해외한인팀은 2단계 2차년도 연구과제인 "해외한인의 다중정체성과 초국가성"을 분석하기 위해 문헌연구, 현지방문조사, 설문조사, 면접조사를 실시했다. 문헌연구는 중국조선족, 재일코리안, CIS 고려인 등을 대상으로 해외한인의 의식주생활, 정체성, 그리고 모국에 대한 기억 및 상징기제에 관한 선행연구(논문, 단행본) 검토했다. 현지방문조사는 CIS지역 카자흐스탄을 방문하여 고려인의 의식주 생활, 모국에 대한 기억 및 신화, 모국 상징기제 등에 관한 기초 자료 수집과 설문조사, 면접조사 등을 진행했다. 중국조선족과 재일코리안의 의식주생활, 모국에 대한 기억 및 신화, 모국 상징기제에 관한 조사는 현지 협력연구원(중국 연변대 김홍매 교수, 성공회 오사카 이쿠노쿠센터 오광현 총간사)을 활용하여 기초자료 수집과 설문조사를 실시했다.

해외한인팀은 극동의 한인들이 1937년 9월 스탈린의 강제이주 정책으로 중앙아시아 강제이주의 첫 정착지였던 우슈토베를 방문하여 고려인의 생활상을 살펴보았다. 이중 우슈토베에서 조금 떨어진 바스튜베에 있는 토굴 터와 공동묘지를 방문하였다. 카자흐스탄 고려인들의 식생활을 살펴보면 한민족 전통음식인 김치와 반찬, 그리고 장류(된장, 고추장) 등을 일상생활에서 즐겨 먹고 있었다. 카자흐스탄은 130여 개 소수민족으로 구성되어 있는 만큼 다양한 음식문화를 가지고 있어 고려인 또한 이들의 음식문화를 적극 수용하여 즐기고 있었다.

카자흐스탄 고려인들의 현지사회 적응, 모국에 대한 기억과 상징기제, 그리고 모국에 대한 인식 등과 관련된 면접조사를 수행하여 총 18건의 구술자료를 수집하였다. 수집내용은 다음과 같다. 첫째, 카자흐스탄 고려인들의 현지사회 적응 및 차별에 대한 내용이다. 현재 고려인사회에서 대두되고 있는 현상 중 주목할 점은 젊은 고려인들의 고려말 사용, 민족문화 및 풍습 등이 거의 상실되어 가고 있다는 것이다. 특히 젊은 층이 고려말을 거의 구사하지 못하는 것이 가장 큰 문제로 지적되고 있다. 고려인들의 거주국사회에서의 구성원간의 교류 및 소통은 전반적으로 활발히 이루어지고 있는 것으로 나타났다. 고려인들은 거주국사회의 문화를 적극적으로 수용할 뿐만 아니라 고려인의 전통 문화를 중시하는, 이른바 통합전략을 취하고 있었다. 현재 카자흐스탄은 1991년 독립한 이래 '카자흐어'를 국어로 지정하는 등 민족주의를 강조하면서 카자흐화정책으로 고려인들이 취업하는데 차별을 경험하고 있는 것으로 나타났다. 둘째, 고려인의 모국에 대한 기억 및 상징기제 관련 내용이다. CIS지역 고려인들은 1937년 스탈린의 강제이주 정책으로 중앙아시아로 이주 당했고, 1953년까지는 강력한 민족주의 정책으로 모국어를 상실하거나 전통문화를 상실하는, 이른바 민족성 상실의 시대를 살았다. 그럼에도 불구하고 고려인들은 의식주, 돌, 설날, 한식, 결혼, 환갑, 장례 등 한민족의 전통문화를 유지하고 있다. 아울러 150년의 이산의 역사에서 모국을 기억하고 그리워하는 의식이 고려인사회 곳곳에 아직까지 남아 있다.

고려인의 모국에 대한 인식과 관련하여 CIS지역 고려인들은 소련해체와 한소수교가 이루어진 1990년대 초반 한국에 대한 관심이 높아지기 시작했으며, 일부 고려인들의 경우는 한국을 방문하기도 했다. 소련해체 이후 카자흐스탄이 독립국가를 선포하면서 고려인은 민족문화단체(알마티고려문화중앙회)를 결성하였으며, 우리말 교육(한글학교 운영 등)에 대한 관심도 높아지기 시작했다. 특히 최근에는 한류 붐으로 고려인의 젊은 세대들이 한국 문화에 대한 관심이 높아지고, 한국 방문을 희망하는 사례가 증가하고 있다.

중국조선족의 의식주 생활, 정체성, 모국사회 인식에 대한 설문조사는 중국 연변대학 김홍매 교수의 협력을 통해 연변조선족자치주(연길, 화룡, 용정, 도문, 돈화, 훈춘, 안도, 왕청 등)에 거주하고 있는 조선족을 대상으로 실시하여 264부를 회수했다. 재일코리안의 의식주 생활, 정체성, 모국사회 인식에 대한 설문조사는 성공회 오사카 이쿠노쿠센터 오광현 총간사의 협력을 통해 오사카 거주 재일코리안을 대상으로 실시하였다.

해외화인팀은 제2단계 제2차년도 연구과제 '해외 화인의 다중정체성과 초국가성'을 수행하기 위하여 문헌연구와 더불어 현지조사, 설문조사를 진행하였다. 문헌연구는 해외 화인의 다중정체성, 초국가성, 모국관계에 관한 다양한 선행연구를 수집하여 체계적으로 검토하였다. 현지조사는 2015년 2월 2일부터 12일까지 일본에서도 화인 디아스포라들이 가장 밀집되어 있는 도쿄, 요코하마, 오사카, 고베를 방문하여 기초자료 수집과 설문조사, 인터뷰 등을 진행하였다.

해외화인팀은 구술조사와 설문조사를 병행하여 화인 디아스포라의 다중정체성 및 초국가성을 탐구하였다. 구체적으로 모국을 떠난 화인 디아스포라들이 거주국에서 어떠한 모국신화를 창조하였고, 모국과 거주국 사이에 "끼어 있는" 존재로서 어떠한 정체성을 형성하고 있으며, 모국과의 관계를 어떻게 유지하고 발전시켜 왔는지를 파악하기 위하여 구술조사와 설문조사를 동시에 진행하였다.

구술조사는 일본에 정착하고 화인 디아스포라를 대상으로 진행하였다. 일본 도쿄 · 요코하마 · 오사카 · 고베 지역에서 총 14건의 녹취자료를 확보하였다. 구술조사에 참여한 연구대상자는 화상, 화인 전문가, 그리고 화교학교 · 화교단체 · 화교신문 등 다양한 분야의 관계자로서 현지 화인 디아스포라 사회를 이해하는 데 대표성이 있는 인물로 구성되었다. 연구자는 구술조사 참여자에게 연구목적을 충분히 설명한 후 반구조화 된 설문지를 기초로 자유롭게 대화를 나누었다. 구체적으로 일본 화인 디아스포라의 현황과 의식주생활 실태, 다중정체성, 모국과의 관계 등에 초점을 맞추어 구술조사를 진행하였다. 조사과정에서 연구자는 구술내용뿐만 아니라, 참여자들의 반응과 표정, 조사가 끝나고 면접에서 느끼고 경험했던 내용을 메모하여 자료로 활용하였다. 설문조사는 2015년 2월 2일부터 4월 25일까지 진행되었으며, 총 200부를 배포하여 134부를 회수하였다. 회수된 설문지 중 인구사회학적 특성에 무응답하였거나 설문문항에 불성실하게 기입한 설문지 21부를 제외한 113부를 실제 분석에 활용하였다. 설문지는 화인 디아스포라 다중정체성 및 초국가성과 관련된 총 127개의 문항으로 구성되어 거주국에서의 생활실태와 정체성, 모국과의 관계를 충분히 반영하였다.

화인 디아스포라들이 거주국에서 형성한 모국신화, 모국에 대한 기억, 모국에 대한 상징과 기표가 그들의 생활터전에서 어떻게 구현되었는지를 파악하기 위해 일본 화인 디아스포라들이 밀집 거주하고 있는 차이나타운을 방문하여 현지조사를 진행하였다. 일본에서 가장 대표적인 차이나타운은 요코하마의 쥬카가이(中华街) 차이나타운과 고베에 위치한 난킨마치(南京町) 차이나타운이다.

차이나타운은 화인 디아스포라가 밀접 거주하고 있는 공간으로, 화인 상가·식당·서점, 그리고 화인 명절이나 축제 때 찾아가는 사원이 있을 뿐만 아니라, 주변에는 그들의 민족교육을 담당하고 있는 화교학교와 화인 네트워크를 구축하고 있는 화교협회도 설립되어 있다. 차이나타운에 거주하고 있는 일본 화인 디아스포라는 파이러우(牌楼), 중국식 건축물 등 시각적인 상징기제를 구축해 모국에 대한 기억을 유지하고 있을 뿐만 아니라, 사원(寺庙)을 비롯한 종교적 상징기제, 사자춤(舞狮), 전통무용, 축제 등 다양한 문화적 상징기제를 통해 모국과의 연계를 강화하고 있다. 차이나타운의 모국 신화와 상징기제는 다음과 같다.

첫 번째는 시각적 상징기제이다. 차이나타운에는 중국의 특징을 나타내는 파이러우(牌楼), 용 혹은 판다가 새겨진 중국식 건축을 쉽게 찾아볼 수 있다. 화인 디아스포라는 이러한 민족적 특징이 나타나는 중국식 건축물을 구축함으로써 모국에 대한 기억을 상징화하고 있다. 파이러우는 중국전통 건축문화를 대표하는 건축으로 주나라(周朝)부터 형성되어 지금까지 수천 년의 역사를 이어오고 있다. 요코하마 차이나타운에는 10개의 파이러우가 세워져 있으며, 고베 차이나타운에는 4개의 파이러우가 구축되어 있다.

두 번째는 종교적 상징기제이다. 일본 차이나타운에는 화인 디아스포라의 종교적 특징을 나타내는 사원 관제묘(关帝庙)와 마조묘(妈祖庙)가 있다. 관제묘는 삼국시대 촉나라 장군 관우(关羽)를 기념하기 위한 사원으로 중국 전통 문화사상에서 충의(忠义)와 용무(勇武)를 상징한다. 마조(妈祖)는 중국 연해지역에서 전승된 민간신앙으로, 마조묘는 화인들이 바다로 나간 상인이나 어민의 안전을 빌기 위해 찾아가는 사원이다.

세 번째는 문화적 상징기제이다. 일본 특히 차이나타운에 정착하고 있는 화인 디아스포라는 능숙하게 중국어를 구사하고 있을 뿐만 아니라, 모국을 향한 민족정체성을 유지하고 있으며, 그들만의 공동체를 구축하고 있다. 그들이 이러한 민족공동체를 형성할 수 있었던 원인 중의 하나가 바로 사자춤, 전통무용, 명절 축제 등을 비롯한 문화적 상징기제를 구축하였기 때문이다. 요코하마와 고베의 차이나타운에는 중국 전통명절인 중추절(中秋)과 춘절(春节) 때 정기적으로 축제를 개최하고 있다. 축제 때에는 중국 전통음식은 물론 사자춤이나 전통무용을 선보여 그들만의 정체성을 강화하는 동시에 일본사회에 중국 문화를 홍보하기도 한다.

화인 디아스포라의 일본 이주는 진한(秦汉)시기부터 그 역사적 흔적을 찾아볼 수 있다. 대규모 이주는 1890년대부터 현재까지 꾸준히 이어져, 100여 년이라는 이주역사를 유지해왔다. 이주민으로서의 화인 디아스포라는 일본사회에 완전히 동화된 것이 아니라, 모국어와 모국문화를 계승함으로써 그들만의 문화정체성을 형성하고 있다. 화인 디아스포라는 주로 일본의 도쿄(東京), 요코하마(橫濱), 오사카(大阪), 고베(神戶) 등 도시 지역에 정착하고 있으며, 차이나타운을 형성하여 공동체를 형성하고 있을 뿐만 아니라, 다양한 축제를 통해 민족정체성을 유지하고 있다. 화인 디아스포라들이 단일민족국가 일본에서 민족정체성을 유지하고, 그들만의 공동체를 형성할 수 있었던 것은 화인 디아스포라의 문화 계승자를 육성하는 민족교육의 장인 화교학교가 존재하기 때문이다.

일본의 화교학교는 전 세계 화교사회에서 가장 오랜 역사를 자랑하고 있다. 그것은 화인 디아스포라의 이주역사에서 최초의 화교학교가 일본에서 설립되었기 때문이다. 19세기 말 재일(在日) 중국인이 증가하자 교육열이 높은 화인 디아스포라는 중국어와 중국 전통문화를 가르칠 수 있는 민족학교 설립에 힘을 모았다. 따라서 순중산(孙中山), 캉유워이(康有为), 량치차오(梁启超) 등의 주도 하에, 1898년 일본 요코하마에서 최초의 화교학교 "대동학교(大同学校)"가 설립되었다. 대동학교 설립이후 도쿄, 고베, 교토, 나가사키, 홋카이도 등 지역에도 전후 9개의 화교학교가 설립되었지만, 지진과 전쟁 등의 이유로 일부 학교가 폐쇄되었다. 현재 일본에는 도쿄중화학교(东京中华学校), 요코하마중화학원(横滨中华学院), 요코하마야마테중화학교(横滨山手中华学校), 오사카중화학교(大阪中华学校), 고베중화동문학교(神户中华同文学校) 총 5개 화교학교가 운영되고 있다.

1949년 중국 대륙과 대만의 대립으로 인해 화교학교도 대륙계와 대만계로 분립되었다. 일반적으로 중국에서 출판한 교과서와 중국 간체자(简体字)를 가르치는 요코하마야마테중화학교와 고베중화동문학교가 대륙계이고, 대만 교과서를 기준으로 번체자(繁体字)를 가르치는 도쿄중화학교, 요코하마중화학원, 오사카중화학교가 대만계로 인식되고 있다.

일본 화인 디아스포라의 주요한 교육시설로 자리매김한 화교학교는 일본 화교사회의 통합과 안정적 발전에 긍정적인 요인으로 작용하고 있으며, 또한 중·일 문화교류에도 큰 영향을 미치고 있다. 특히 다문화공생이 일본사회의 새로운 이슈로 등장하자, 화교학교의 3중언어교육과 중·일 문화 교육을 병행하는 운영방식은 화교·화인사회의 융합은 물론, 일본사회의 다문화 공생을 추진하는 촉매역할을 수행하고 있다. 화교학교는 중국어 및 전통문화 교육을 통해 화교·화인사회를 유지하고 발전시키는 버팀목일 뿐만 아니라, 일본 화교·화인사회와 중국을 연결하는 연결고리이며, 더불어 화교·화인이 거주국에서 모국을 체화시키는 상징기제이기도 하다.

화인 디아스포라들이 일본사회에 정착하면서 그들만의 민족정체성을 유지하고 민속네트워크를 구축할 수 있었던 것은 화인단체인 화교협회(华僑协会)가 있었기 때문이다. 화인 디아스포라들은 화교협회를 통해 정보를 교환하고 모국과의 연계를 강화하며 민족공동체를 형성하고 있다.

해외 화인팀은 일본 화인 디아스포라들의 네트워크 구축 현황을 파악하기 위해 요코하마화교총회와 고베화교회관을 방문 조사하였다. 중국 대륙과 대만의 대립으로 인해 일본에 설립된 화교협회도 대륙계와 대만계로 이분화 되어 있다. 그러나 최근 양안관계의 완화로 인해 일본 화교사회도 이데올로기적인 대립보다는 소통하고 교류하는 융합 현상이 나타나고 있다.

해외일계인팀의 제2단계 제2차년도 연구수행과제는 '일계인의 다중정체성과 초국가성'으로서 이 연구과제를 수행하기 위해 일계인의 민족정체성 관련 문헌연구를 통해 설문조사표를 작성하였다. 일본 현지조사를 수행하기 위하여 요코하마 JICA(해외이주자료관)자료실, 가나가와 현 쓰루미구 NPO법인 ABC저팬, 시즈오카 현 하마마쓰 시, 나고야 오수지역 브라질학교, 나고야 9번 단지 일계인 집거지와 일계인들의 집합장소인 MIR 교회를 방문하여 현지조사를 실시하였다. 일본 현지조사 결과의 중요한 성과는 일계인대상 설문조사 250부, 구술채록 10명, 사진자료 200장, 참고문헌 단행본 7권, 기타 낱장자료 30여 장 등을 수집하였다.

일본 현지조사 연구의 목적은 일계인의 다중정체성과 모국과의 연계성에 관한 구체적인 사례와 자료를 수집하기 위해서였다. 구체적으로는 일계인들이 모국 브라질에 대한 송금, 모국에 있는 가족 내지는 친지와의 교류, 방문정도, 모국에 대한 기대와 희망 등을 심층 조사하였다. 또한 도상학의 관점에서 일계인 디아스포라가 가지고 있는 모국신화와 상징 기제를 조사하여 모국에 대한 기억장치가 어떻게 기표되었고 실제로 어떻게 작용하였는지를 규명하는데 있었다. 이와 더불어 연구과정에서 발굴한 자료들은 향후 가공하여 문화콘텐츠로 개발할 예정이다.

일본 현지조사는 2015년 2월 2일(월)부터 2015년 2월 15일(일)일까지 일본 동경과 나고야를 중심으로 13박 14일간 진행하였다. 현지조사 대상과 장소는 일계인들이 집거하고 있는 가나가와 현 쓰루미구, 시즈오카 현 하마마쓰 시, 나고야 오수(大須)지역과 9번 단지, 그리고 일계인 디아스포라의 자료수집과 박물관인 요코하마 해외이주자료관 등을 방문하여 일계인의 다중정체성과 초국가성에 관한 자료를 수집하였다.

일본에 체류하는 일계브라질인은 2007년 32만 명에 달한 적도 있지만 2008년 리먼쇼크 이후 일본국내 불경기에 따른 구조조정으로 약 10만 명 정도가 브라질로 귀국하였으며 그 후 귀국자가 계속 감소하였다. 일본 체류외국인의 경우, 지역별로는 아시아지역이 167만 6,343명으로 81.1%, 남미지역이 24만 3,246명으로 11.8%를 차지하여 체류외국인 전체 92.9%가 아시아 및 남미지역 출신으로 나타났다. 지역별 체류외국인의 체류자격의 특징을 살펴보면, 영주자(영주자 및 특별영주자)가 82만 9,574명으로 가장 많았고 다음으로 '유학생'과 '기능실습생' 순이었다.

또한 남미지역출신자들의 경우 전체 체류자에서 영주자가 15만 3,171명으로 가장 많았고 다음으로 정주자였다. 특히 일본 체류외국인들은 모든 지역에서 증가하였지만 남미지역은 일본에서 체류외국인의 감소 비율이 가장 높은 지역으로 3.9%(9,997) 감소한 것으로 나타났다. 현재 일본에 체류하고 있는 일계인들은 약 16만 명 정도이다.

1990년대 이후 도일하여 일본 아이치 현에 거주하는 일계인을 대상으로 그들의 모국인 브라질과의 관계에 대하여 현지 조사한 결과는 다음과 같다. 첫째, 일계인들의 일본 정주가 진행되면서 모국과의 사회적 관계는 점차 강화되고 있었지만 경제적 관계는 더욱 소원해지고 있는 것으로 나타났다. 이것은 일계인 사회가 일본어 부족에 따른 방송이나 신문의 포르투갈어 사용으로 일본사회와 분리되는 또 다른 '정보 게토화' 현상을 보여주는 아이러니컬한 사회적 상황을 연출하고 있는 것으로 생각된다. 또한 이민 초기의 일시적인 돈벌이노동자에서 정착단계로 들어서면서 경제적 관계는 점차 약화되는 현상의 한 단면을 보여주는 것이기도 하다.

둘째, 일계인의 모국과의 사회적 관계는 일계인 상호간 1주일에 1회 정도 친척이나 친구를 만나고 브라질에 재산 보유정도가 낮으며 향후 브라질 귀국의향이 강할수록 모국 브라질에 대한 사회적 관심도 강한 것으로 나타났다. 이러한 현상은 언젠가는 브라질로 귀국할 것이라는 계획을 가지고 있는 일계인들일수록 일본 내에서 일계인들 간의 만남을 지속시키고 브라질에 대한 관심도 높은 것으로 생각된다.

셋째, 일계인의 모국 브라질과의 사회적 관계와 경제적 관계는 민족정체성과는 별도로 민족차별이 강화되면 모국과의 사회적 관계는 강해지고 반면에 경제적 관계는 약화되는 것으로 나타났다. 즉 모국 브라질에 대한 민족정체성이 강할수록 사회적 경제적 관계도 강한 것으로 나타났다.

넷째, 일계인들은 그들의 모국 브라질과의 사회적 관계에서 민족정체성이 강할수록 단체활동에 더욱 적극적이고 일본사회에서 민족차별을 느낄수록 단체활동에 소극적인 것으로 나타났다. 일계인의 모국과의 경제적 관계에서는 민족정체성이 강할수록 브라질과의 경제적 관계강화에 더욱 적극적이고 일본사회에서 민족차별이 강할수록 모국 브라질과의 경제적 관계는 소극적인 것으로 나타났다.

조사결과 일계인의 다중정체성과 모국과의 관계에서 생존전략은 한국 다문화사회의 외국인의 생존전략에도 적용될 수 있을 것으로 생각된다. 일계인의 일본에서의 생활은 모국 브라질과 밀접히 관련되어 있다는 것이다. 만약 일계인들은 지금 일본에서의 생활이 어려워지면 그들의 생활을 되돌아보게 되고 일본생활에 생존하기 위한 다양한 변화와 개혁을 시도하게 되며 브라질과의 관계강화에도 적극적으로 나서게 될 것이다.

　이번 현지 인터뷰조사 결과를 요약하면 일본에서 일계인들은 법률적으로 '일본'과의 관계 때문에 일본인으로 우대되었지만 내면적으로는 일본인과의 차이 때문에 일본인이 아닌 '외국인'으로 인식되어 온 측면이 존재한다. 따라서 일계인들은 자기 정체성으로서 일계인 혹은 일본인이라는 양자의 선택상황에 따라 모국 브라질과의 사회적 경제적 관계도 결정된 것으로 생각된다.

　마지막으로 이 책이 세상에 나오기까지 물심양면으로 도와주신 분들께 감사드린다. 이 책의 연구성과는 중점연구사업의 일환으로 동북아디아스포라 연구를 수행할 수 있도록 지원해주신 한국연구재단 관계자, 그리고 연구단이 주최한 각종 국내 및 국제학술대회에 참석하여 연구성과에 대한 발표자 및 토론자로 유익한 조언을 해주신 국내외 디아스포라 전문가 및 학자, 연구단 홍보에 아낌없이 지원해주신 언론 관계자들 덕분이다. 이들 모두에게 진심으로 감사드린다. 또한 이른 아침부터 늦은 밤까지 불철주야로 연구에 전념해준 전남대학교 중점연구소 공동연구원, 전임연구원, 대학원생 및 연구보조원들에게도 감사를 드린다.

2019년 6월
용봉골에서
세계한상문화연구단 전 단장 임채완

　　오늘날 국제사회는 과학기술과 정보통신의 비약적인 발전으로 국경을 초월하는 초국가시대가 되었으며, 이주의 일상화가 이루어지면서 디아스포라의 역할이 매우 중요해지고 있다. 이러한 시대적 흐름에 따라 세계 각국은 국가경쟁력 강화와 국력의 외연 확장을 위해 소중한 인적자원으로서 디아스포라에 대한 정책적 지원을 아끼지 않고 있다. 우리 정부는 세계 180여 국가에 살고 있는 720만 재외동포의 중요성을 인지하고 재외동포재단을 중심으로 재외동포가 민족적 유대감을 유지하면서 거주국에서 모범적인 구성원으로 정착할 수 있도록 물심양면으로 지원하고 있다. 최근에는 교육부와 협력하여 국내 초 · 중 · 고등학교 교과서에 모범적인 재외동포 인물과 단체를 수록하고 있으며, 교과과정 개편에 재외동포의 삶과 역동성을 교육할 수 있는 콘텐츠를 개발하는 데 힘쓰고 있다.

　　전남대학교 세계한상문화연구단은 재외동포 및 글로벌 디아스포라 연구의 선도자로서, 2010년에 "민족분산과 지구적 소통으로서의 디아스포라 연구"라는 주제로 한국연구재단의 「대학 중점 연구소 지원사업」에 선정되어 총 3단계 9년에 걸쳐 디아스포라 관련 연구를 수행하고 있습니다. 특히 이 연구사업은 한국, 중국, 일본 등 동북아 3국의 디아스포라를 대상으로 진행하고 있어 우리의 한민족 디아스포라를 화교, 일계인 등 이웃국가의 디아스포라와 비교 · 분석하여 귀중한 시사점을 얻을 수 있다는 데 의의가 있으며, 디아스포라 관련 연구의 외연을 확장한다는 측면에서 학술적 의의가 매우 높다고 평가된다.

　　전남대학교 세계한상문화연구단이 수행하고 있는 중점연구의 각 단계별 연구주제를 보면, 1단계-"동북아시아 민족분산과 문화영토", 2단계-"동북아시아 디아스포라의 초국가적 성격", 3단계-"디아스포라 공동체와 지구적 소통"이다. 이번에 발간되는 3권의 총서는 2단계 2차년도의 연구주제인 "해외 한인, 화인, 일계인의 다중정체성과 초국가성"에 관한 연구결과를 집약한 것으로『코리안 디아스포라의 다중정체성과 초국가성』,『화인 디아스포라의 다중정체성과 초국가성』,『일계인 디아스포라의 다중정체성과 초국가성』 등으로 구성되어 있다.

　이 총서는 근·현대 동북아시아 3국의 디아스포라가 모국을 떠나 정치, 경제, 사회문화적 환경이 다른 새로운 정착지에서 의식주 생활과 지역사회 생활에 대해 살펴보고 있으며, 새로운 환경에 적응하는 과정에서 형성되는 정체성은 어떠한 모습을 보이는지, 모국과의 관계는 어떻게 이루어지고 있는지에 대해 현지조사를 통해 상세히 기술하고 있다. 특히 이 총서는 동북아시아 3국의 디아스포라의 정체성과 초국가성에 대한 다양한 사례를 볼 수 있어 디아스포라 연구의 기반을 다지고 학문 영역을 확장시키는 데 기여할 것으로 사료된다.

　이와 더불어 우리 사회가 다인종·다문화사회로 진입하면서 선주민과 이주민 간 사회통합에 관한 정책적 관심이 높아지고 있어 이에 대한 많은 시사점을 제공할 것으로 생각된다. 우리 사회에는 외국인 이주노동자, 국제결혼이주자, 외국국적동포, 북한이탈주민, 유학생 등 약 200여만 명이 넘는 다양한 유형의 이주민들이 살아가고 있다. 물론 이주민이 경제발전에 기여하고 있다는 긍정적 시각이 있지만, 여전히 우리사회는 이주민에 대한 편견이나 차별 의식이 팽배해 있는 것도 사실이다. 특히 제주 예멘 난민 사태를 경험하면서 외국인을 경계하는 시선이 높아지고 있는 추세이다. 그러나 현실적으로 외국이주민은 우리 사회의 한 구성원으로 살아가고 있기에 한국생활에 안정적으로 적응하기 위한 사회적 배려와 관심이 중요하다고 본다. 이러한 맥락에서 이번에 발간된 총서는 우리 안의 디아스포라에 대한 사회적 인식을 개선하고 사회통합의 바람직한 방안을 모색하는 데 매우 유용한 정보를 제공할 것으로 생각된다.

끝으로 그동안 총서 발간을 위해 노력하신 임채완단장과 공동연구원, 연구교수, 그리고 연구보조원들에 축하를 보내며, 이 연구 총서가 재외동포, 외국인 이주노동자, 결혼이주여성, 북한이탈주민 등 이주민 관련 정부기관 및 유관단체의 정책적 지원 방안 수립과 대학 및 연구기관 전문 연구자들의 학문적 탐구에 유익한 자료로 활용되기를 기대한다.

2019년 3월
재외동포재단 이사장 한우성

전남대학교 세계한상문화연구단은 2010년 한국연구재단 대학중점 연구소지원사업에 선정되어 "민족분산과 지구적 소통으로서 디아스포라 연구"라는 주제로 9년에 걸쳐 연구를 수행하고 있다. 제2단계에서는 "동북아 디아스포라의 초국가적 성격"이라는 주제로 연구를 수행했으며, 이 책은 제2단계 제2차년도 연구주제 "해외 화인의 다중정체성과 초국가성"을 규명한 연구결과물이다.

화교·화인은 모국을 떠나 현지 거주국에서 뿌리를 내려 새로운 삶의 터전을 개척한 디아스포라집단이다. 일반적으로 디아스포라는 국경을 넘나드는 초국적 이주민 집단으로서, 모국에 대한 '집합적 기억'을 간직하고 있을 뿐만 아니라, 모국과의 연계를 유지하고 강화하는 의지를 가지고 있다. 그들은 모국문화를 보존하고 민족정체성을 유지하기 위해 스스로 다양한 방법을 강구하게 된다. 아울러 디아스포라는 거주국과 원주민사회의 차별에 따른 심리적 혼란과 불안정을 극복하기 위해 그들만의 민족집거지를 형성하게 된다. 이러한 민족집거지에서 디아스포라는 모국에 대한 기억과 신화, 모국에 대한 상징과 기표를 구현하여 그들만의 문화적 공간을 재구성한다.

일본 요코하마, 고베, 나가사키에는 화교·화인의 민족집거지 차이나타운이 조성되어 있다. 그중에서 요코하마 쥬카가이 차이나타운은 연간 1,800만 명의 관광객이 찾는 세계적인 차이나타운으로 아시아에서 규모가 가장 크다. 일본에 정착하고 있는 화교·화인들은 능숙하게 모국어를 구사하고, 전통문화를 보존하고 있을 뿐만 아니라, 차이나타운에 다양한 시각적 · 종교적 · 문화적 · 교육적 상징기제를 구축하였다.

이러한 맥락에서 이 책에서는 모국에 대한 디아스포라의 '집합적 기억'과 초국가성이라는 이론적 기반을 중심으로, 일본으로 유입하여 정착하고 있는 화교 · 화인의 다중정체성과 민족집거지에 구축한 모국 상징기제, 모국과의 연계 등을 체계적으로 검토하였다. 또한 심도 있는 연구를 진행하기 위해 문헌연구, 설문조사, 심층면접을 병행하였으며, 도쿄 · 요코하마 · 오사카 · 고베를 직접 방문하여 현지조사를 진행하였다.

이 책에서 다루고자 하는 연구내용은 아래와 같이 네 가지이다. 첫째, 설문조사를 기반으로 일본에 정착하고 있는 화교 · 화인의 의식주 생활실태, 사회적응 현황, 일본인과의 관계, 차별경험을 분석함으로써 그들의 현지적응 실태를 파악한다.

둘째, 설문조사와 심층면접을 병행하여 일본 화교 · 화인의 국민정체성, 민족정체성을 검토하여 그들의 다중정체성을 파악한다. 특히 민족정체성에 영향 주는 요인을 분석하여 민족공동체를 구축할 수 있는 원인을 규명한다.

셋째, 현지조사를 기반으로 일본 요코하마 쥬카가이, 고베 난킨마치 차이나타운에 조성된 다양한 시각적, 종교적, 문화적, 교육적 모국 상징기제를 분석한다. 일본 차이나타운에는 파이러우를 비롯한 중국식 건축은 물론, 관제묘 · 마조묘 등 종교적 상징기제, 민족교육의 장 화교학교가 설립되어 있으며, 다양한 축제문화가 형성되어 있다.

넷째, 디아스포라가 모국을 떠나 전 세계 어느 지역에서 생활하고 있다고 할지라도 모국에 대한 기억과 연대는 쉽게 단절되지 않는다. 따라서 이 책에서는 정치 · 경제 · 사회 · 문화적 영역으로 구분하여 일본 화교 · 화인과 모국의 연계를 검토한다.

이 책의 내용들은 연구자들이 전문학술지에 게재한 논문을 기반으로 삼아 일부를 보완하여 삽입하였다. 이 책에서 활용하고 있는 연구자들의 기존 논문은 다음과 같다.

김혜련(2015), "일본 화교·화인 현지사회 적응에서 화교학교의 역할", 『평화학연구』 제16권 4호; 김혜련(2016), "일본 요코하마 차이나타운의 모국 상징기제 연구", 『동북아문화연구』 제46집; 김혜련(2016), "일본 화교·화인의 민족정체성 조사 연구", 『중국학』 제55집; 김혜련·리단(2017), "일본 화교·화인 민족집거지의 형성과 화교단체의 역할", 『동북아문화연구』 제51집 등이다.

이 총서가 출판되기까지 바쁜 일정 속에서도 설문조사, 심층면접과 참여관찰에 흔쾌히 응해주신 일본 도쿄, 요코하마, 오사카, 고베의 화교·화인에게 깊은 감사의 뜻을 표한다. 특히 현지조사와 자료수집 과정에서 도움을 주신 요코하마화교총회 장루웨이(张如伟), 고베화교총회 스펑(石锋), 그리고 익명의 현지 조력자들에게 감사의 뜻을 전한다. 또한 현지조사에서 수집한 많은 자료들을 정리하고 도움을 준 단효홍, 장선보 연구보조원에게도 고마움을 전한다. 마지막으로 총서의 출판에 도움을 주신 북코리아 이찬규 사장님과 편집진 여러분께도 감사드린다.

2019년 3월
공동저자 일동

| 차 례 |

사진 차례

그림 차례

I

머리말

1. 연구배경 및 목적

중국 역사에서 배출한 화교(華僑) · 화인(華人)[1]은 모국을 떠나 현지 거주국에서 뿌리를 내려 새로운 삶의 터전을 개척한 디아스포라(diaspora) 집단이다. 일반적으로 디아스포라는 국경을 넘나드는 초국적 이주민 집단으로서, 모국에 대한 '집합적 기억'을 간직하고 있을 뿐만 아니라, 모국과의 연계를 유지하고 강화하는 의지를 가지고 있다.[2] 그들은 모국문화를 보존하고 민족정체성을 유지하기 위해 스스로 다양한 방법을 강구하게 된다. 일본으로 이주한 화교 · 화인도 마찬가지이다. 비록 오랜 현지적응 과정을 거쳐 점차 일본 주류사회로 진출하고 있으나, 여전히 다양한 경로를 통해 민족정체성을 유지하면서 모국과의 연대를 강화하고 있다.[3]

일본 법무성 출입국관리국의 통계에 따르면, 2016년 12월 기준 일본 국내에 체류하고 있는 외국인은 2,232,189명으로 나타났으며, 그 중 중국계 이주민은 총 748,290명으로 집계되었다.[4] 화교 · 화인은 일본에 정주하고 있는 가장 큰 규모의 이주민 집단이다.[5] 화교 · 화인의 일본 이주는 오랜 역사를 가지고 있다. 최초의 문헌 기록은 진(秦)나라 시기부터 시작되었으며, 19세기 중반부터 이주 규모가 크게 증가하였다. 특히 1972년 중 · 일 수교 이후 중국계 이주민의 일본 이주는 더욱 활성화되었다.[6]

---

1   일본에 정착하고 있는 중국계 이주민은 화교 · 화인으로 구분된다. 화교(華僑)는 일본에 정착하고 있지만, 여전히 중국 국적 혹은 '중화민국(대만)' 여권을 소지하고 있는 중국계 이주민이며, 화인(華人)은 귀화하여 일본 국적을 취득한 이주민을 가리킨다. 이 책의 제목에서는 화교 · 화인을 총괄하여 화인 디아스포라로 지칭하였다.

2   김혜련(2015b), "말레이시아 화인 디아스포라의 모국관계 연구", 『민족연구』 제61호, p.85.

3   김혜련(2016b), "일본 화교 · 화인의 민족정체성 조사 연구", 『중국학』 제55집, p.390.

4   일본 통계청, http://www.e-stat.go.jp(검색일: 2017.10.02)

5   김혜련(2016b), p.390.

6   김혜련(2016a), "일본 요코하마 차이나타운의 모국 상징기제 연구", 『동북아문화연구』 제46집, p.289.

일본으로 이주한 화교·화인은 주로 일본의 도쿄(東京), 요코하마(横濱), 오사카(大阪), 고베(神戶), 나가사키(長崎) 등 도시 지역에 정착하고 있다. 단일민족국가 일본에 정착하고 있는 화교·화인은 현지사회에 완전히 동화된 것이 아니라, 여전히 그들만의 민족정체성을 유지하고 있다. 특히 요코하마, 고베, 나가사키에는 차이나타운(chinatown)이 형성될 만큼, 화교·화인들은 강한 민족응집력을 나타내고 있다. 그들은 화교학교를 설립해 모국어와 전통문화를 계승하고 있으며, 화교단체를 구성해 민족네트워크를 강화하는 동시에 다양한 민족축제를 통해 모국에 대한 향수(nostalgia)를 표출하고 있다.[7]

소수민족 집단으로서의 디아스포라는 거주국과 원주민사회의 차별에 따른 심리적 혼란과 불안정을 극복하기 위해 상호 네트워크로 구성된 하나의 민족집거지(ethnic enclaves)를 형성하게 된다.[8] 이러한 민족집거지에서 그들은 모국에 대한 정신적인 기억과 신화, 그리고 모국에 대한 상징과 기표를 구체적으로 구현하여 거주국 현지에서 그들만의 문화적 공간을 재영토화 한다. 따라서 요코하마 쥬카가이(橫濱中華街), 고베 난킨마치(神戸南京町), 나가사키 신치쥬카가이(長崎新地中華街) 차이나타운에는 모국에 대한 향수를 표출하는 화교·화인의 다양한 모국적 상징기제가 조성되어 있다.[9]

이러한 맥락에서 이 책에서는 모국에 대한 디아스포라의 '집합적 기억'과 초국가성이라는 이론적 기반을 중심으로, 문헌연구, 설문조사, 심층면접을 주요한 연구방법으로 선정하여 화교·화인의 다중정체성과 민족집거지에 구축한 모국 상징기제, 모국과의 연계 등을 체계적으로 검토하

---

7 김혜련(2016b), p.390.

8 한성미·임승빈(2009), "소수민족집단체류지역(ethnic enclaves)으로서의 옌변거리의 장소성 형성 요인 분석", 『한국조경학회지』 36권 6호 pp.82~83; 임채완 외(2014), 『코리안 디아스포라의 집단적 기억과 재영토화』, 북코리아, pp.33~34, 재인용.

9 김혜련(2016a), p.290.

고자 한다. 구체적인 연구 내용은 아래와 같다.

첫째, 설문조사를 중심으로 현재 일본에 정착하고 있는 화교·화인의 생활실태 및 적응 현황을 분석한다. 디아스포라들은 거주국에서 새로운 삶을 개척한 소수 이주민으로서 문화적 배경이 다른 사회에 새롭게 적응해야 하는 과제에 직면하게 된다.[10] 따라서 그들의 의식주 등 일상생활은 전통 문화를 유지하는 동시에 거주국의 문화에 적응하는 새로운 양상을 나타내게 된다. 이러한 문제의식에서 이 책에서는 오랜 현지적응 과정을 경험한 화교·화인의 의식주 생활실태를 세부적으로 검토하고자 한다. 또한 화교·화인과 현지 주민의 관계, 지역활동 참여 정도 등을 통해 그들의 사회적응 현황을 살펴보고, 그들의 차별경험을 조사함으로써 주류사회로부터 소외되거나 타자화되고 있는가를 분석하고자 한다.

둘째, 모국과 거주국 사이에 끼어있는 화교·화인의 다중정체성을 파악한다. 일반적으로 디아스포라는 자신들이 정착한 국가와 새로운 관계를 형성하고 있지만, 그들이 태어난 모국과의 연결을 지속함으로써 두 국가 모두를 포함하는 다중정체성을 나타낸다.[11] 이 책에서는 설문조사와 심층면접을 중심으로 일본 화교·화인의 국민정체성과 민족정체성을 세부적으로 파악하고자 한다.

셋째, 화교·화인의 민족집거지에 구축된 모국 상징기제를 분석한다. 일반적으로 디아스포라는 거주국에서 안정적으로 적응하기 위해 그들만의 하나의 민족집거지를 형성하게 된다.[12] 이러한 민족집거지에서 그들은 모국에 대한 정신적인 기억과 신화, 그리고 모국에 대한 상징과 기표를 구

---

10 임채완·선봉규 외(2015), 『코리안 디아스포라의 혼종성과 문화영토』, 북코리아, p.25.

11 김혜련·여병창(2012), "한국화교의 디아스포라적 다중정체성 고찰", 『국제언어문학』 제 25호, p.57.

12 한성미·임승빈(2009), "소수민족집단체류지역(ethnic enclaves)으로서의 옌변거리의 장소성 형성 요인 분석", 『한국조경학회지』 36권 6호 pp.82~83; 임채완 외(2014), 『코리안 디아스포라의 집단적 기억과 재영토화』, 북코리아, pp.33~34, 재인용.

체적으로 구현하여 거주국 현지에서 그들만의 문화적 공간을 재영토화한다. 따라서 일본에 조성되어 있는 요코하마, 고베, 나가사키 차이나타운에는 모국에 대한 향수(nostalgia)를 표출하는 화교·화인의 다양한 모국적 상징기제가 조성되어 있다. 이 연구는 차이나타운에 조성된 화교·화인의 시각적·종교적·문화적·교육적 상징기제를 체계적으로 분석함으로써 일본 정착 화교·화인과 모국과의 연계를 파악하고자 한다.

넷째, 일본 정착 화교·화인과 모국의 연계를 검토한다. 디아스포라는 초국가적 활동을 영위한 이주민 집단으로서, 모국에 대한 '집합적 기억'을 공유하고 있을 뿐만 아니라, 모국과의 연대를 유지하는 의지를 나타내고 있다. 이 연구는 디아스포라와 모국의 연관성이라는 문제의식에서 출발해 설문조사와 심층면접을 중심으로 일본에 정착하고 있는 화교·화인과 모국과의 연계를 체계적으로 분석하고자 한다.

2. 연구방법

이 연구는 일본에 정착하고 있는 화교·화인의 다중정체성과 민족집거지에 구축한 모국 상징기제, 모국과의 연계를 분석하기 위해 문헌연구, 설문조사, 심층면접을 주요한 연구방법으로 선정하였다. 설문조사와 심층면접은 주로 일본에서 화교·화인이 밀집거주하고 있는 도쿄(東京), 요코하마(橫濱), 오사카(大阪), 고베(神戸)에서 진행하였다.

1) 문헌연구

문헌연구방법은 탐구하고자 하는 현상에 대한 정보가 있는 문서자료를 수집하고 분석하는 방법을 말한다. 문헌연구는 문서자료의 내용을 체계적이고 정밀하게 분석하여 관심 영역의 사회현상에 대한 통찰을 얻고, 그에 관한 이론 검토, 가설검증, 결론을 내리고자 하는 연구방법이다.

이 책에서는 화교·화인의 다중정체성, 거주국에서 구축한 모국 상징기제, 모국과의 연계와 관련된 도서, 논문, 사진 등을 수집·발굴하여 화인 디아스포라의 초국가성을 규명하는 데 기초자료로 활용하였다.

2) 설문조사

이 연구는 일본에 정착하고 있는 화교·화인의 의식주생활 실태, 다중정체성, 화교·화인과 모국과의 연계를 분석하기 위해 일본을 직접 방문하여 현지조사를 진행하였으며, 요코하마와 고베에서 설문조사를 진행하였다.

설문조사 내용은 주로 일본 화교·화인의 의식주생활, 현지적응 실태, 차별경험, 다중정체성, 모국과의 연계 등으로 구성되었다. 신뢰성 있는 조사 결과를 도출하기 위하여 이 연구는 2015년 2월 2일부터 4월 25일까지 일본 요코하마 쥬카가이 차이나타운과 고베 난킨마치 차이나타운에 거주하고 있는 화교·화인 200명을 대상으로 설문지를 배포하여 134부의 설문지를 회수하였다. 회수된 설문지 중 인구사회학적 특성에 무응답 하였거나 설문문항에 불성실하게 기입된 설문지 21부를 제외한 113부만을 실제 분석에 활용하였다. 설문조사 대상자의 인구사회학적 특성은 다음과 같다.

표 1.1 설문조사 대상자의 인구 · 사회학적 특성

구분	내용	빈도	비율(%)	구분	내용	빈도	비율(%)
성별	남	50	44.2	혼인 상태	기혼	68	60.2
	여	63	55.8		미혼	45	39.8
직업	전문직	19	16.8	이민 세대	1세대	17	15.0
	자영업	23	20.4		1.5세대	13	11.5
	공무원	2	1.8		2세대	33	29.2
	사무직(회사원)	23	20.4		3세대	37	32.7
	서비스	5	4.4		4세대	2	1.8
	농업	9	8.0		기타	11	9.7
	생산직	1	0.9	국적	일본	43	38.1
	가정주부	11	9.7		중국	47	41.6
	학생	2	1.8		대만	22	19.5
	기타	18	16.0		기타	1	0.9
연령	10대(10~19세)	2	1.8	학력	초등학교 졸업	1	0.9
	20대(20~29세)	15	13.3		중학교 졸업	3	2.7
	30대(30~39세)	17	15.0		고등학교 졸업	30	26.5
	40대(40~49세)	37	32.7		전문대 졸업	17	15.0
	50대(50~59세)	19	16.8		대학교 졸업	46	40.7
	60대(60~69세)	15	13.3		대학원 졸업	11	9.7
	70대(70~79세)	8	7.0		무학	5	4.4
합계	113(100%)						

〈표 1.1〉에서도 나타나듯이, 설문조사 대상자 113명 중에서 여성이 55.8%(63명)이고, 남성이 44.2%(50명)를 차지해 여성이 남성에 비해 많다. 직업의 경우, 자영업과 사무직이 가장 많은 비율을 차지하였는데, 자영업이 20.4%(23명)이고, 사무직(회사원)이 20.4%(23명)이다. 전문직이 16.8%(19명), 가정주부가 9.7%(11명), 농업이 8.0%(9명), 서비스업이 4.4%(5명), 공무원이 1.8%(2명), 학생이 1.8%(2명), 생산직이 0.9%(1

명), 기타가 16.0%(18명)으로 나타났다. 연령의 경우, 40대 화교·화인이 32.7%(37명)로 가장 많았으며, 50대가 16.8%(19명), 60대가 13.3%(15명), 30대가 15.0%(17명), 70대가 7.0%(8명), 10대가 1.8%(2명)로 나타났다. 결혼여부를 보면, 기혼이 60.2%(68명)로 미혼 39.8%(45명)보다 많이 나타났다. 이민세대의 경우 다양한 세대가 포함되는데, 3세대가 32.7%(37명)로 가장 많고, 2세대가 29.2%(33명), 1세대가 15.0%(17명), 4세대가 1.8%(2명), 기타가 9.7%(11명)로 나타났다. 국적을 보면, 중국 국적을 소지하고 있는 설문조사 대상자가 41.6%(47명)로 가장 많게 나타났고, 일본으로 귀화하여 일본 국적을 취득한 대상자가 38.1%(43명), 대만 여권을 소지한 대상자가 19.5%(22명), 기타가 0.9%(1명)로 나타났다. 학력의 경우, 대학교 졸업이 40.7%(46명)로 가장 많았고, 고등학교 졸업이 26.5%(30명), 전문대 졸업이 15.0%(17명), 대학원 졸업이 9.7%(11명), 중학교 졸업이 2.7%(3명), 초등학교 졸업이 0.9%(1명), 무학이 4.4%(5명)로 나타났다.

3) 심층면접

이 연구는 화교·화인의 다중정체성, 차이나타운에 형성된 모국 상징 기제, 모국과의 연계를 탐구하기 위해 심층면접을 주요한 연구방법으로 사용하였다. 현지조사는 2015년 2월 2일부터 12일까지 이루어졌으며, 화교·화인이 밀접거주하고 있는 도쿄, 요코하마, 오사카, 고베를 중심으로 차이나타운은 물론, 화교상가·화교단체·화교학교 등을 직접 방문 조사하였다.

더불어 일본 정착 화교·화인의 생활실태를 살펴하고, 모국과의 연계를 검토하기 위해 14명의 화교·화인을 연구 참여자로 선정해 심층면접을 진행하였다. 연구 참여자는 도쿄, 요코하마, 고베에 거주하는 화교·화인으로서 이민 1세대부터 4세대까지, 연령은 20대부터 70대까지 다양한 계층으로 선정하였다. 심층면접 대상자는 화교전문가, 요코하마화교총회, 요코하마중화학원, 화교식당을 비롯한 화교상가, 고베화교총회, 고베중화회관, 고베복건회관 등 다양한 단체의 관계자가 포함되어, 일본 화교·화인의 생활실태, 다중정체성, 초국가성, 모국과의 연계를 분석하는데 대표성이 있다. 각 심층면접은 1~2시간 정도 진행하였으며, 효과적인 의사소통을 위해 중국어로 질문을 이어갔다. 심층면접 대상자의 인구사회학적 특성은 아래 도표와 같다.

표 1.2 심층면접 대상자의 인구·사회학적 특성

연번	참여자	국적	연령	거주지	이민세대	소속
사례 1	장○뤄이 (张○伟)	일본	50대	요코하마	이민 1.5세대	요코하마 화교총회
사례 2	류○ (刘○)	중국	30대	요코하마	이민 1세대	나카국제교류 라운지
사례 3	스○펑 (施○鹏)	'중화민국'	60대	요코하마	이민 2세대	요코하마 화교총회
사례 4	펑○궈 (冯○国)	'중화민국'	60대	요코하마	이민 2세대	요코하마 중화학원
사례 5	천○원 (陈○文)	'중화민국'	30대	요코하마	이민 2세대	요코하마 중화학원
사례 6	장○ (蒋○)	'중화민국'	40대	요코하마	이민 2세대	요코하마 중화학원
사례 7	왕○쥐엔 (王○娟)	중국	70대	요코하마	이민 3세대	화교식당
사례 8	린○이 (林○怡)	중국	20대	요코하마	이민 1.5세대	화교가게
사례 9	천○시 (陈○玺)	일본	40대	도쿄	이민 2세대	와세다대학교
사례 10	리○리 (李○丽)	중국	60대	고베	이민 4세대	잡화가게 운영
사례 11	쉬○즈 (許○芝)	'중화민국'	40대	고베	이민 3세대	고베 중화회관
사례 12	린○ (林○)	중국	40대	고베	이민 2세대	고베 중화회관
사례 13	린○마오 (林○茂)	'중화민국'	60대	고베	이민 2세대	고베 복건회관
사례 14	스○ (石○)	중국	30대	고베	이민 3세대	고베화교총회

3. 연구의 구성

이 책은 일본에 정착하고 있는 화교·화인의 다중정체성과 초국가성을 규명하기 위해 설문조사와 심층면접을 중심으로 그들의 현지적응 실태, 민족정체성, 민족집거지에 조성한 모국 상징기제, 모국과의 정치·경제·사회·문화적 연계를 체계적으로 검토하였다. 이 책은 총 일곱 개 장으로 나누어 연구주제를 다루고 있다.

제1장 머리말에서는 이 책의 연구배경과 목적, 문헌연구·설문조사·심층면접을 비롯한 연구방법과 현지조사 과정을 상세히 기술하였다.

제2장 이론적 배경에서는 일본 화교·화인 관련 선행연구를 검토하였으며, 그들의 다중정체성과 초국가성을 규명하기 위해 디아스포라의 '집합적 기억'과 다중정체성, 디아스포라의 모국신화 및 상징기제와 관련된 이론적 내용을 간략히 파악하였다.

제3장 화교·화인의 일본 정착 실태에서는 먼저 그들의 일본 이주 역사와 정착 과정을 간략하게 서술하고, 다음은 화교·화인의 의식주 생활실태, 사회적응 현황, 주류사회로부터 경험한 타자화와 차별을 분석하였다.

제4장에서는 국민정체성과 민족정체성을 구분하여 일본 화교·화인의 다중정체성을 분석하였다. 특히 민족정체성에서는 화교·화인의 모국어 구사 능력, 전통문화 보존 실태, 민족의식 강도 등을 통해 그들의 민족정체성 실태를 심층적으로 파악하였으며, 이러한 민족정체성이 형성된 원인을 체계적으로 분석하였다.

제5장 일본 차이나타운의 모국 상징기제에서는 일본의 3대 차이나타운 요코하마 쥬카가이, 고베 난킨마치, 나가사키 신치쥬카가이의 형성과정과 실태를 간략하게 기술하였으며, 또한 차이나타운에 조성된 시각적·종교적·문화적·교육적 상징기제를 체계적으로 분석함으로써 모국과의 연계를 규명하였다. 차이나타운에 구축된 파이러우와 화교사원, 정기적으

로 개최하는 화교축제, 민족교육을 담당하는 화교학교는 대표적인 모국 상징기제이다.

제6장에서는 설문조사와 심층면접 결과를 기반으로 일본 화교 · 화인과 모국의 정치 · 경제 · 사회 · 문화적 연계를 파악하였다. 비록 일본 화교 · 화인사회 내부의 제한적 요소로 인해 화교 · 화인과 모국의 정치 · 경제적 연계는 미약하지만, 사회 · 문화적 교류는 활발하게 진행되고 있다.

제7장은 화교 · 화인의 일본 정착 실태, 다중정체성, 민족집거지에 조성된 모국 상징기제, 모국과의 관계에 대한 연구결과를 요약하고, 이 책의 한계와 향후 연구과제에 대하여 간략히 서술하였다.

II

이론적 배경

일본 화교·화인의 생활실태와 적응양상을 살펴보고, 그들의 다중정체성 및 차이나타운에 조성된 모국 상징기제를 검토하기 위해 우선 디아스포라와 모국과의 연계에 관한 이론적 논의가 선행되어야 한다. 다음은 디아스포라의 다중정체성과 모국 상징기제에 관한 이론을 검토함으로써 모국에 대한 '집합적 기억'이 민족집거지에서 어떻게 재탄생되었는가를 분석하고자 한다.

1. 선행연구 검토[1]

일본 화교·화인에 대한 한국 국내 연구는 대부분 그들의 민족집거지 차이나타운에 집중되었다. 차이나타운은 화교·화인의 역사와 문화가 응축된 이주민 공간이다. 문화 다원주의가 확산되고 중국의 경제력 및 영향력이 확대됨에 따라 많은 차이나타운이 문화 간 상호작용의 공간 또는 관광지로서의 역할을 하고 있다. 차이나타운은 아시아, 북미, 라틴아메리카, 호주, 유럽, 아프리카 등 각 대륙의 거의 모든 주요 도시에 자리 잡고 있다. 아시아에서 가장 큰 규모의 차이나타운은 일본 요코하마에 위치해 있으며, 일본에는 요코하마 쥬카가이 외에도 고베 난킨마치, 나가사키 신치쥬카가이 등 서로 다른 특징을 나타내는 차이나타운이 형성되어 있다.

1990년대 이후 학계에서는 화교·화인에 대한 연구를 다양한 영역에서 활발하게 진행해왔다. 그러나 대부분 연구는 화교·화인의 이주 역사와 과정, 이주루트, 모국 경제발전에 대한 기여, 화상 네트워크 등에 집중되었을 뿐, 그들의 현지적응 실태, 다중정체성, 초국가성, 민족집거지에 구

---

1   김혜련(2016a), "일본 요코하마 차이나타운의 모국 상징기제 연구", 『동북아문화연구』제46집, pp.291-292.

축된 모국 상징기제 관련 연구는 체계적으로 이루어지지 않았다.

특히 일본 화교·화인에 대한 한국 국내 연구는 그들의 민족집거지 차이나타운에 집중되었다. 그러나 일본 차이나타운에 대한 한국 국내의 이러한 연구는 소개수준에 머물러 있다. 예컨대, 유종하(2007)는 일본의 요코하마, 고베, 나가사키에 위치한 3대 차이나타운을 시리즈로 간단하게 소개하였으며, 이동현(2009)은 일본 3대 차이나타운의 현황과 특징을 소개함으로써 부산 차이나타운의 향후 발전방향을 제시하였다. 일본 차이나타운에 대한 보다 심도 있는 연구는 이정희(2014)에 의해 이루어졌으나, 이는 고베 난킨마치를 중심으로 이루어졌다. 구체적으로 인천 차이나타운 조성의 모델로 고베 난킨마치 차이나타운의 형성 배경, 조성과정 및 운영 실태를 분석함으로써 한국 차이나타운에 주는 시사점을 도출하였다.

일본과 중국에서도 일본 화교·화인에 대한 체계적인 연구가 이루어지지 않아 학술적 연구 성과가 많지 않은 편이다. 그 중에서 가장 대표적인 연구는 왕워이(王維), 장위링(张玉玲), 린젠정(林兼正)의 저서이다. 왕워이(2003)는 일본 차이나타운에서 개최하는 다양한 행사와 제사 등에 직접 참여관찰 함으로써 차이나타운의 운영원리와 화교사회 시스템을 세부적으로 검토하였다. 더불어 장위링(2008)은 화교 문화의 창출과 아이텐티티라는 주제로 화교·화인의 문화적 특성과 다중정체성을 분석함으로써 화교·화인의 일본사회 정착 실태와 차이나타운의 향후 발전방향을 제시하였다. 린젠정(2009)은 요코하마 개항 150주년을 기념하여 요코하마 쥬카가이의 형성과정과 발전 현황을 소개함으로써 일본 화교·화인의 이주 역사를 검토하였다.

요컨대, 일본에 748,290명[2]이라는 중국계 이주민이 거주하고, 요코하마 차이나타운이 아시아에서 가장 큰 규모의 차이나타운임에도 불구하고

2　일본 통계청, http://www.e-stat.go.jp(검색일: 2017.10.02)

그들에 대한 체계적이고 심도 있는 연구가 이루어지지 않고 있다.

이러한 맥락에서 이 연구는 문헌연구와 현지조사를 통하여 화교·화인의 일본 유입 배경 및 과정, 화교·화인의 일본 적응 실태, 그들의 다중정체성과 모국과의 연계, 차이나타운에 조성된 모국 상징기제를 체계적으로 분석하고자 한다.

2. 디아스포라의 '집합적 기억'과 다중정체성

디아스포라에 관한 정의는 고전적, 어원적, 현대적 정의에 따라 그 의미가 달라지는데, 우선 고전적 정의는 역사적으로 팔레스타인에서 추방된 유대인들이나, 그들이 흩어진 지역, 혹은 민족 이산 자체를 의미한다. 어원적 의미로 디아스포라는 '씨 뿌리다'라는 뜻의 그리스어 동사 'Speiro'와 '위'를 나타내는 전치사 'Dia'의 합성어이다. 이는 일국의 경계를 넘어 흩어진 민족이라는 뜻을 내포하고 있다. 현대적 의미의 디아스포라는 이민, 문화적 격차, 정체성 정치 등을 설명하기 위한 용어로 사용되며, 특히 국경을 넘어 거주하는 사람들의 초국적 이동에 초점을 맞추고 있다.[3]

필립 방콕(Philip Babcock)에 의하면 정체성이란 "변화의 상이성으로부터 구별되는 동일성이며, 다양한 실례들 속에 있는 본질적이거나 포괄적인 성격의 동일성이고, 인성(人性)의 단일성과 연속성"이다. 정체성이라는 용어는 동질성, 소속감, 연속성, 일체감의 의미를 포괄할 수 있는 표현이다.[4] 즉 정체성은 개인이나 집단의 존재를 주변세계와의 연관 속에서 규정

---

3 임채완·전형권(2006), 『재외한인과 글로벌 네트워크』, 한울아카데미, pp.25~27; 김혜련·여병창(2012), "한국화교의 디아스포라적 다중정체성 고찰", 『국제언어문학』제25호, p.57 재인용.

4 임채완(1999), "중앙아시아 고려인의 언어적 정체성과 민족의식", 『국제정치론집』제39집 2

하고 설명하는 용어이다.[5]

일반적으로 디아스포라는 자신들이 정착한 국가와 새로운 관계를 형성하고 있지만, 그들이 태어난 모국과의 연결을 지속함으로써 두 국가 모두를 포함하는 '초국적 사회'에서 살게 된다. 이러한 탈 경계적인 공간에서 부딪치는 초국적 경험을 통해 그들은 현지 거주국에서의 적응과 모국과의 연계성을 동시에 고려하며 살고 있다. 어떤 면에서 이는 새로운 정체성을 생성하는 것이지만, 또 한편으로 이는 어느 한 곳에 정착하지 않는 유목적 정체성이라고 할 수 있다. 변이를 통해 끊임없이 유동화 되는 새로운 장을 형성한다는 점에서 디아스포라의 정체성은 고정된 정체성 혹은 동일성이 아니라 끊임없이 구성되는 것이다.[6] 이렇게 볼 때 일본사회에 거주하고 있는 화교·화인은 단순한 일본 또는 중국이 아닌 양자를 모두 포함하는 다중정체성을 형성하고 있다고 볼 수 있다.[7]

최근 국제이주가 날로 빈번해짐에 따라 디아스포라가 새로운 이슈로 부상하고 있다. 디아스포라는 분산된 민족을 지칭하는 용어로 최근에는 국제이주, 민족정체성, 문화공동체, 문화변용 등을 아우르는 포괄적 개념으로 사용되고 있다.[8] 사프란(Safran)에 따르면, 디아스포라는 세계 각국에 흩어진 이산성, 모국 고향 땅에 대한 집합적 기억, 거주국에 완전히 융합되지 못하는 소외감, 언젠가는 고향으로 돌아갈려는 귀환의식, 모국의 안전과 발전을 위해 힘을 이바지하는 집단적 헌신 정신, 그리고 모국과의 관

호, p.317.

5 김혜련(2016b), "일본 화교·화인의 민족정체성 조사 연구", 『중국학』 제55집, p.393.

6 전형권(2006), "우즈베키스탄의 민족정책과 고려인 디아스포라 정체성-고려인 설문조사 분석을 중심으로", 『슬라브학보』 제21권 제2호, p.356.

7 김혜련·여병창(2012), pp.57-58.

8 김혜련(2015b), "말레이시아 화인 디아스포라의 모국관계 연구", 『민족연구』 제61호, pp.84-85.

계에서 연대를 중요시하는 등 특징을 가지고 있다.[9] 즉, 디아스포라는 초
국가적 활동을 영위한 이주민 집단으로서, 모국에 대한 '집합적 기억'을 기
반으로, 모국과의 연대를 유지하는 의지를 가지고 있다. 디아스포라가 모
국을 떠나 전 세계 어느 지역에서 생활하고 있다고 할지라도, 모국에 대한
기억과 연대는 쉽게 단절되지 않는다.[10] 이러한 유대로 인해 디아스포라는
모국의 언어를 습득하고 전통문화를 계승하며 그들만의 민족정체성을 형
성한다.[11]

　민족정체성은 특정 민족이 가지는 고유특성이나 민족의 일원으로서
의 소속의식을 지칭한다.[12] 민족정체성은 민족구성원들 사이에 공유되고
있는 객관적 특성과 민족적 차원에서 자기를 누구로 인식하는가를 반영하
는 주관적 측면이 포함된다. 여기서 객관적 민족정체성은 민족집단에 특
유한 문화적 특성, 예컨대 언어, 종교, 생활방식과 민족의 역사적 유래 등
객관적 지표들로 구성된다. 주관적 민족정체성은 개개인들의 소속의식 즉
민족의식으로 나타난다. 문화적 고유 특징을 보전하고 있는지는 민족정체
성을 유지하고 있는지 아니면 타문화에 이미 동화되었는지를 가르는 기준
이 된다. 아울러 소속의식으로서의 민족정체성은 민족적 공동운명의식이
나 사상의 심리적 토대가 된다.[13]

　디아스포라의 민족정체성에 영향을 미치는 요인은 다양하다. 우선, 디
아스포라의 민족정체성은 디아스포라 집단의 내부적인 상황과 관련된다.
디아스포라 집단을 유지하기 위해서는 일정한 규모의 사회구성원이 존재

9　William Safran, *Diaspora in modern societies: Myths of homeland and return.* Diaspora1(1),
　　1991. pp.83-84.

10　김혜련(2015b), p.84.

11　김혜련(2016b), pp.392-393.

12　정영훈(2010), "민족정체성, 그리고 한민족의 민족정체성", 『민족학연구』 9권 1호, p.3.

13　정영훈(2010.), pp.3-4.

해야 하며, 그들만의 정체성을 유지하기 위해서는 모국어와 전통문화를 계승하려는 의지와 민족의식이 필요하다. 디아스포라 집단 내부 상황 예컨대 민족 언어, 민족 문화를 발전시키고 계승하려는 노력은 그들의 민족정체성에 직접적인 영향을 미친다.[14]

다음, 디아스포라의 민족정체성은 거주국의 이주민 정책 및 거주국 주류사회 구성원의 이수민 인식과도 연관이 있다. 거주국 입장에서 디아스포라가 사회적 분열을 초래하고, 거주국으로의 동화가 쉽지 않은 점은 충성심에 대한 의심을 야기한다. 이는 거주국이 디아스포라를 수용하는 것에 대한 부정적인 요인으로 작용된다. 반면 디아스포라는 거주국의 값싼 노동의 공급자이며, 모국과 거주국 간 정치적 영향력의 수단이자 중개자이다. 특히 디아스포라와 모국의 관계는 거주국의 외교정책에 크게 의존한다. 디아스포라 공동체는 모국과 연계되길 원하지만, 거주국은 정치적인 이유로 이를 용인하지 않는다. 이러한 상황 속에서 거주국은 국익으로부터 출발해 동화, 차별배제 혹은 수용적인 이주민 정책을 추진하게 되는데 이러한 정책은 디아스포라의 민족정체성에 영향을 미치게 된다. 더불어 거주국 주류사회 구성원의 인식과 태도도 디아스포라의 민족정체성에 영향을 미치는 것으로 평가된다. 디아스포라에 대한 차별과 배제가 심할수록 그들의 민족정체성은 더욱 강하게 표출된다. 다른 한편으로, 거주국은 정치적 목적으로 디아스포라를 활용한다. 거주국은 디아스포라의 모국 방문을 통한 정체성 형성과 거주국과 모국 간의 관계 유지를 지지한다. 이때 디아스포라 정체성은 모국이 디아스포라와 관계를 유지하고자 하는 의지에 영향을 받는다.[15]

마지막으로 국제환경의 변화도 디아스포라의 민족정체성에 영향을

---

14   김혜련(2016b), p.393.

15   이소영(2010), "중앙아시아 코리안 디아스포라 민족정체성 비교 연구: 우즈베키스탄과 카자흐스탄을 중심으로", 전남대학교 석사학위 논문, pp.31-32; 김혜련(2016b), p.393 재인용.

미친다. 세계화시대 정치·경제적 시스템의 변화와 더불어 디아스포라의 정체성도 변화한다. 예컨대 중국 대륙과 대만의 양안 관계, 즉 중국과 대만의 정치적 대립관계는 일본 화교·화인들의 민족정체성을 더욱 복잡한 관계에 처하도록 한다.[16]

3. 디아스포라의 모국신화와 상징기제[17]

초국적 이주가 일반화됨에 따라 민족분산 혹은 민족이산을 의미하는 디아스포라가 학계에서 새로운 이슈로 부상하고 있다. 디아스포라는 분산된 민족을 의미하는 개념으로 최근에는 국제이주, 다문화, 민족정체성, 문화공동체, 문화접변, 문화변용 등을 아우르는 포괄적 용어로 사용되고 있다.[18]

디아스포라는 모국에 대한 집합적인 기억과 신화를 간직하고 있으며, 모국의 발전에 집단적으로 참여하고 기여하고자 하는 동기, 모국과의 연계를 유지하고 모국과의 상호작용을 하고자 하는 의지 등을 가지면서 살아가는 존재로 인식되고 있다. 디아스포라집단이 거주국에 정착하면서 여전히 모국에 대한 '집합적 기억'과 신화를 간직하고, 모국과의 연계를 유지하는 것은 여러 가지 루트와 다양한 방식으로 표출된다. 거주국 현지에서 정신적인 기억과 모국 신화, 그리고 모국에 대한 상징과 기표를 그들의 생활터전인 이주지의 현실 속에서 구현하는 것이 가장 대표적인 형식이다. 디아스포라는 과거 영토적 개념의 경계를 초월하여 현지에 정착한 이

---

16 김혜련(2016b), p.393.

17 김혜련(2016a), pp.292-293.

18 김혜련(2015b), "말레이시아 화인 디아스포라의 모국관계 연구", 『민족연구』 제61호, pp.84-85.

후 모국에 대한 정서와 상징물들을 조성하여 그들만의 문화적 공간을 형성한다. 다시 말해, 디아스포라는 새로운 삶의 터전에서 모국 상징기제를 조성함으로써 그들만의 전통문화를 유지하고 전승하는 공간을 재형성한다. 예를 들면, 중국조선족의 집거지와 아리랑, 일계 브라질인들이 정착지에서 건립한 신사와 일본마쓰리 등은 분산된 디아스포라들이 시련과 박해의 역사를 극복해 온 상징의 기표들이며, 새로운 정착지에서 형성한 모국 상징기제이다. 정착지에서 나타나는 디아스포라의 기표와 상징들은 그들의 현실생활 속에서 구현되고 있는 의식주생활문화, 장례문화, 축제문화 등이 대표적이다.

화교·화인도 상술한 디아스포라집단과 마찬가지로 거주국에서 새로운 이주민 공간을 형성한 이후, 민족집거지에서 모국을 상징하는 기표를 조성함으로써 고향에 대한 향수를 표출하거나 모국과의 연계를 강화한다.

화고·화인의 일본 정착 실태

1. 화교 · 화인의 일본 이주와 정착[1]

중국계 이주민의 일본 유입은 오랜 역사를 가지고 있다. 인도네시아, 말레이시아를 비롯한 동남아지역의 화교 · 화인이 경제적인 원인으로 동남아에 유입된 것과는 달리, 일본사회의 화교 · 화인 이주는 정치적인 원인이 가장 중요한 요인으로 작용한다. 화교 · 화인의 일본 이주는 진(秦)나라 시기부터 그 역사적 흔적을 찾아볼 수 있다. 역사기록에 의하면, 진시황의 정치적인 박해를 피하기 위해 일부 중국계 이주민이 일본으로 유입하기 시작하였으며, 중국 국내의 정치적 불안정으로 인해 일본으로의 이주민 유입은 꾸준히 이어졌다. 특히 1871년 "중일수호조례(中日修好条規)"를 체결한 이후, 많은 중국 유학생들이 일본으로 유입해 구국운동을 전개하기 시작하였으며, 1930년에 이르러 일본에 정착하고 있는 중국계 이주민은 3만 명에 육박하였다. 그러나 9.18사변 이후, 많은 중국계 이주민이 다시 모국으로 귀환하여 화교의 인구규모가 18,000명으로 줄어들었다.[2] 1972년 중일수교 이후, 특히 1978년 중국 개혁개방 이후 일본의 해외인재유치정책이 시행되자 중국계 이주민의 일본 유입은 다시 확대되어 많은 중국 고학력 유학생이 일본에 정착하면서 신화교사회를 형성하게 되었다.

일본 정착 화교 · 화인은 동남아지역의 화인사회와 다른 적응양상을 나타내고 있다. 우선, 식민지시기 지배자와 현지인 사이의 중개인 역할을 수행하면서 경제적 부를 축적했던 동남아 화인들은 현지 거주국에서 경제적 우위를 차지하고 있는 반면, 일본 화교 · 화인은 일본 국민보다 취약하거나 비슷한 경제적 위치를 형성하고 있다. 일본의 화교 · 화인 사회는 제2차 세계대전 이후 여전히 일본에 정착한 구화교(老华侨)와 중일수교 이후

1 김혜련(2016a), "일본 요코하마 차이나타운의 모국 상징기제 연구", 『동북아문화연구』 제46집, pp.293-294.
2 曾志娟(2008), "日本华人华侨的特点", 『考试周刊』 2008年 第8卷, p.230.

새롭게 일본사회로 유입한 신화교(新华侨)로 구분된다. 구화교는 일본정부의 차별정책으로 인해 대부분 식당, 양복점, 이발소 즉 "산바다오(三把刀)"[3]로 불리는 업종을 중심으로 경제활동을 이어왔기에 상대적으로 취약한 경제적 위치에 머물러 있다. 비록 최근 일본에서 태어나고 자란 젊은 세대 구화교가 주류사회로 진출하기 시작하였지만, 괄목할 만한 경제적인 부를 창조하지 못하고 있다. 다른 한편, 중일수교 이후 일본으로 유입한 신화교는 대부분 고학력자로서 교육, IT, 금융 등 전문업종에 종사하고 있으나 직장인이 대다수이다. 따라서 일본사회에 정착하고 있는 화교·화인은 동남아지역 화인이 거주국에서 경제적 우위를 차지하고 있는 상황과 비교할 때 상대적으로 취약한 경제적 위치에 머물러 있다.

다음, 동남아에 정착하고 있는 화인보다 더욱 다양하고 복잡한 정체성을 나타낸다. 말레이시아와 인도네시아 등 동남아에 정착하고 있는 중국계 이주민은 대부분 이미 거주국 국적을 취득한 화인으로 비록 여전히 민족정체성을 유지하고 있지만, 거주국 국민으로서 강한 국가정체성을 표출하고 있다. 그러나 일본사회의 중국계 이주민은 여전히 모국 국적을 유지하고 있는 화교와 이미 귀화하여 일본 국적을 취득한 화인으로 분리되었다. 더불어 이주시기에 따라 구화교와 신화교로 이분화 된 화교·화인 사회도 서로 다른 정체성을 나타낸다. 신화교는 강한 모국지향적인 정체성을 유지하고 있는 반면, 구화교는 다중정체성을 나타내고 있다.

---

3 산바다오(三把刀)는 화교가 생업으로 삼아온 일을 일컫는 말로, 중화요리의 식도, 옷을 만드는 가위와 이발하는 가위를 가리킨다.

2. 일본 화교 · 화인의 의식주 생활실태

디아스포라의 현지사회 적응이라는 것은 디아스포라 개체 혹은 집단이 거주국 환경에 대하여 적합한 행동이나 태도를 취하는 것으로, 출신국 문화와 거주국 문화 간의 차이를 인식하면서 거주국의 정치 · 경제 · 사회 · 문화에 적응해 나가는 것으로 이해할 수 있다. 일반적으로 디아스포라는 그들이 정착한 거주국과 새로운 관계를 구축하지만, 자신 혹은 선조들이 태어난 모국과의 연결을 지속함으로써 두 국가 모두를 포함하는 초국가적 삶을 영위하게 된다.[4] 따라서 중국계 이주민 화교 · 화인도 마찬가지로 거주국 일본의 정치 · 경제 · 사회 · 문화에 적응해 나가는 동시에 모국의 문화적 특성을 유지하는 적응 양상을 나타낸다. 디아스포라의 현지적응 실태는 그들의 의식주 생활에서 가장 잘 체현된다.

이 연구는 일본 화교 · 화인의 현지적응 실태를 세부적으로 검토하기 위해 설문조사를 중심으로 그들의 의식주 생활실태를 분석하였다. 의상, 음식, 주거환경 등 인간 생활의 세 가지 기본요소를 포함하는 의식주 생활실태는 디아스포라 집단의 거주국 정착 실태를 반영하는 주요한 척도라고 할 수 있다. 설문조사는 중국 전통의상에 대한 인식, 전통음식 및 가정에서 주로 먹는 음식, 주거생활환경에 대한 만족도로 구분하여 일본 화교 · 화인의 의식주 생활실태를 검토하였다.

1) 전통의상에 대한 인식

중국 전통의상 부분에서는 탕좡(唐裝), 치파오(旗袍)에 대한 화교 · 화인

---

4   김혜련 · 리단(2014), "갈등과 융합: 인도네시아 화인 디아스포라의 현지적응 연구", 『동북아문화연구』제39집, pp.45-46.

사진 3.1 중국 전통의상 탕좡(唐裝)

출처: https://baike.baidu.com/item/%E5%94%90%E8%A3%85/20184156(검색일: 2017.11.10.)

들의 인식을 조사하였다. 탕좡과 치파오는 중국을 대표하는 전통의상으로, 화교·화인 사회에서도 높은 인지도를 가지고 있다. 탕좡은 마고자(马褂)를 모형으로 개량한 전통의상이다. 당나라(唐朝)시기 중국이 해외에 미친 거대한 영향으로 인해 송나라(宋朝)부터 해외에서는 중국을 "당(唐)"으로 지칭하였다. 중국인을 "당인(唐人)"으로 부르고, 차이나타운을 "당인가(唐人街)"로 지칭하였으며, 중국식 전통의상을 "탕좡(唐裝)"으로 지칭하였다.

다른 한편, 치파오는 가장 널리 알려진 중국 전통의상으로, 1920년대에 중국 국내에서 유행되기 시작하였으며, 1929년에는 중화민국정부에 의해 국가예복(礼服)으로 지정되었다. 치파오는 1950년대부터 점차 몰락하였다가 1980년대 중국 개혁개방과 함께 다시 부흥하기 시작하였으며, 1984년에는 중국 국무원(国务院)에 의해 여성 외교공무원 공식 의상으로 지정되기도 하였다.

사진 3.2 중국 전통의상 치파오(旗袍)
출처: http://image.baidu.com(검색일: 2017.11.10)

탕쫭, 치파오를 비롯한 전통의상에 대한 화교·화인의 인식을 분석
한 결과 〈표 3.1〉에서 나타나듯이, '나는 탕쫭, 치파오가 화교·화인의 전
통의상이라고 생각한다'라는 질문항목의 평균값이 3.00보다 높은 3.48로

표 3.1 전통의상(탕쫭, 치파오)에 대한 일본 화교·화인의 인식관련 평균 및 표준편차

질문항목	평균	표준편차	빈도
나는 탕쫭, 치파오가 화교·화인의 전통의상이라고 생각한다.	3.48	1.254	113
나는 탕쫭, 치파오에 대해 자부심을 갖고 있다.	3.27	1.210	113
나는 탕쫭, 치파오가 보기에는 좋으나 활동성 때문에 입고 다니기에 불편하다고 생각한다.	2.87	1.199	113
나는 탕쫭, 치파오가 시대에 뒤떨어져 보이므로 양복을 선호한다.	2.23	1.239	113
나는 자녀들이 탕쫭, 치파오를 입었으면 좋겠다고 생각한다.	2.96	1.113	113
나는 탕쫭, 치파오를 입고 싶어도 경제적인 이유로 입지 못한다.	1.97	1.098	113

나타났고, '나는 탕좡, 치파오에 대해 자부심을 가지고 있다'라는 질문항목의 평균값이 3.27로 나타났다. 또한 '나는 탕좡, 치파오가 보기에는 좋으나 활동성 때문에 입고 다니기에 불편하다고 생각한다'라는 질문항목의 평균값이 3.00보다 낮은 2.87로 나타났고, '나는 탕좡, 치파오가 시대에 뒤떨어져 보이므로 양복을 선호한다'라는 질문항목의 평균값이 2.23으로 나타났다. 아울러 '나는 자녀들이 탕좡, 치파오를 입었으면 좋겠다고 생각한다'라는 질문항목의 평균값은 2.96으로 나타났고, '나는 탕좡, 치파오를 입고 싶어도 경제적인 이유로 입지 못한다'라는 질문항목의 평균값이 1.97로 낮게 나타났다.

이러한 결과는 일본 화교·화인이 여전히 탕좡, 치파오를 그들의 전통의상으로 간주하고 있고, 나아가 자부심을 가지고 있다는 것을 설명한다. 또한 탕좡, 치파오가 불편하다거나 시대에 뒤떨어져 있다는 인식에 대해서는 부정적인 태도를 보이고 있지만, 자녀들에게 입히는 것은 선호하지 않는 것으로 나타났다. 마지막으로 경제적인 이유로 탕좡, 치파오를 자주 입지 못한다는 인식에 대해서는 부정적인 태도를 보였다. 다시 말해, 비록 오랜 현지적응 과정을 경험하였지만, 일본 화교·화인은 여전히 탕좡, 치파오를 비롯한 중국 전통의상에 강한 애착심을 표출하고 있다는 것이다.

2) 전통음식에 대한 인식

일본 화교·화인의 의식주 생활실태를 세부적으로 검토하기 위해 중국 전통명절인 춘절(春节), 중추절(中秋节), 그리고 가정에서 주로 먹는 음식을 조사하였다. 춘절과 중추절은 중국의 가장 주요한 전통명절로, 명절기간에는 지역에 따라 다양한 전통 음식을 준비한다. 예컨대 춘절의 경우, 북방에서는 주로 교자(饺子)를 많이 먹고, 남방에서는 녠가오(年糕)를 많이

사진 3.3 중국 전통음식 교자(餃子)　　　　　**사진 3.4** 중국 전통음식 넨가오(年糕)

출처: http://image.baidu.com(검색일: 2017.11.10)

준비한다. 중추절에 중국의 많은 지역에서는 가족들이 단란하게 한자리에 모인다는 의미를 가지고 있는 웨빙(月餅)을 먹고, 일부 지역에서는 또 구이화가오(桂花糕), 바오즈(包子)를 준비한다.

일본 화교·화인의 음식문화를 검토하기 위해 그들이 중국 전통명절 춘절과 중추절, 그리고 일상생활에서 주로 먹는 음식을 조사하였다. 분석결과 〈표 3.2〉에서 나타나듯이, 중국 전통명절 춘절에 응답자 중 42.5%(48명)가 '교자'를 먹는다고 응답하였고, 23.0%(26명)가 '넨가오'를 먹는다고 응답하였으며, 21.3%(24명)가 '일본 음식'을 먹는다고 응답하였다. 또한 '기타 음식'을 준비한다는 응답자가 10.6%(12명)이며, '만터우(饅头)'를 먹는다는 응답자가 2.7%(3명)를 차지한다.

표 3.2 일본 화교·화인이 춘절에 자주 먹는 음식

질문사항	교자 (餃子)	만터우 (饅头)	넨가오 (年糕)	일본 음식	기타	전체
빈도(명)	48	3	26	24	12	113
비율(%)	42.5	2.7	23.0	21.3	10.6	100.0

다른 한편, 일본 화교·화인이 전통명절 중추절에 자주 먹는 음식을 조사한 결과 〈표 3.3〉과 같이 나타났다. 응답자 중 53.1%(60명)가 중추절에 '웨빙'을 먹는다고 응답하였고, 41.6%(47명)가 '일본 음식'을 먹는다고 응답하였다. 또한 '구이화가오'를 준비한다는 응답자가 1.8%(2명), '바오즈(包子)'를 먹는다는 응답자가 1.8%(2명), '기타 음식'을 준비한다는 응답자가 1.8%(2명)로 나타났다.

표 3.3 일본 화교·화인이 중추절에 자주 먹는 음식

질문사항	웨빙(月饼)	구이화가오(桂花糕)	바오즈(包子)	일본 음식	기타 음식	전체
빈도(명)	60	2	2	47	2	113
비율(%)	53.1	1.8	1.8	41.6	1.8	100.0

사진 3.5 중국 전통음식 웨빙(月饼)
출처: http://image.baidu.com(검색일: 2017.11.10)

사진 3.6 중국 전통음식 구이화가오(桂花糕)

마지막으로 일본 화교·화인의 음식생활 실태를 조사하기 위해 가정에서 주로 먹는 음식을 조사하였다. 분석결과, 66.4%(77명)가 가정에서 '일본 음식과 중국 음식'을 모두 자주 먹는다고 응답하였고, 23.9%(27명)가 주로 '중국 음식'을 먹는다고 응답하였으며, 5.3%(6명)가 '일본 음식', 4.4%(5명)가 '기타 음식'을 먹는다고 응답하였다.

표 3.4 일본 화교 · 화인이 가정에서 주로 먹는 음식

질문사항	일본 음식	중국 음식	일본 음식+중국 음식	기타 음식	전체
빈도(명)	6	27	77	5	113
비율(%)	5.3	23.9	66.4	4.4	100.0

전통음식에 대한 일본 화교 · 화인의 인식을 조사한 결과, 응답자 중 68.2%(77명)가 중국 전통명절 춘절에 '교자', '녠가오우', '만터우'를 비롯한 전통음식을 준비하며, 56.7%(64명)가 중추절에 '웨빙', '구이화가오', '바오즈' 등 전통음식을 먹는다고 응답하였다. 또한 설문조사 응답자 중 66.4%(77명)가 일상생활에서 주로 '일본 음식 + 중국 음식'을 먹는다고 응답하였다. 이는 일본 화교 · 화인이 오랜 현지적응 생활에도 불구하고 여전히 춘절, 중추절 등 중국 전통명절을 중요시하고, 명절에는 특별한 전통음식을 준비하고 있다는 것을 설명하고 있다. 또한 그들은 일상생활에서 중국 음식이나 일본 음식 어느 한쪽을 편중하는 것이 아니라, 두 나라 음식문화를 융합한 양상을 보이고 있다.

3) 주거환경에 대한 만족도

일본 화교 · 화인의 의식주 생활실태를 검토하기 위해 그들이 현지 주거환경에 대한 만족도를 조사하였다. 만족도 수준에 대해서는 '매우 불만족', '불만족', '보통', '만족', '매우 만족'의 5점 척도를 이용하여 평가를 하였다.

분석결과 〈표 3.5〉에서 나타나듯이, '주거시설 비용'이라는 질문항목에 대해서는 평균값이 3.00보다 높은 3.35로 나타났고, '집 주변 청소 및 쓰레기 처리 상태'에 대해서는 평균값이 3.56으로 나타났다. 또한 '시장, 대형마트 등 편의시설 이용 환경'이라는 질문항목의 평균값이 3.49로 나

표 3.5 화교 · 화인이 일본 주거 생활환경에 대한 만족도

질문항목	평균	표준편차	빈도
주거시설 비용	3.35	.886	113
집 주변 청소 및 쓰레기 처리 상태	3.56	.844	113
시장, 대형 마트 등 편의시설 이용 환경	3.49	.857	113
각종 사회복지시설 이용 환경	3.42	.692	113
병원, 보건소 등 의료시설 이용 환경	3.47	.768	113
주변 자연환경	3.59	.831	113
치안, 범죄 등 안전 상태	3.36	.791	113
미취학 자녀의 양육 환경	3.16	.606	113
학교, 학원 등 교육 환경	3.33	.647	113

타났고, '각종 사회복지시설 이용 환경'에 대해서는 평균값이 3.42로 나타났다. '병원, 보건소 등 의료시설 이용 환경'이라는 질문항목의 평균값이 3.47로 나타났고, '주변 자연 환경'에 대해서는 평균값이 3.59로 나타났다. '치안, 범죄 등 안전상태'라는 질문항목에 대해서는 평균값이 3.36으로 나타났고, '미취학 자녀의 양육 환경'에 대해서는 평균값이 3.16으로 나타났으며, 마지막으로 '학교, 학원 등 교육 환경'이라는 질문항목에 대해서는 평균값이 3.33으로 나타났다.

설문조사 결과에서 나타나듯이, 주거환경에 대한 질문항목의 평균값이 모두 3.00보다 높은 수치로 나타났다. 다시 말해, 일본 거주 화교 · 화인은 현재 일본의 '주거시설 비용', '집 주변 청소 및 쓰레기 처리 상태', '시장, 대형마트 등 편의시설 이용 환경', '각종 사회복지시설 이용 환경', '병원, 보건소 등 의료시설 이용 환경', '주변 자연환경', '치안, 범죄 등 안전상태', '미취학 자녀의 양육 환경', '학교, 학원 등 교육 환경'에 대해 대체적으로 만족하는 것으로 나타났다. 이는 일본 화교 · 화인이 현재 정착하고 있는 거주국 생활환경에 대해 전반적으로 만족한다는 것을 설명한다.

요컨대, 일본 화교·화인의 의식주 생활실태를 조사한 결과, 그들은 여전히 탕좡, 치파오를 전통의상으로 간주하고 있을 뿐만 아니라, 모국 전통의상에 남다른 자부심과 강한 애착심을 표출하고 있다. 또한 일본 화교·화인은 전통명절 춘절과 중추절에 여전히 교자, 녠가오, 웨빙, 구이화 고우 등 전통음식을 준비하고 있으며, 일상생활에서도 중국과 일본 양국의 음식문화를 융합시키는 적응 양상을 나타내고 있다. 아울러 주거환경에 있어서 일본 화교·화인은 현재 거주국의 주거시설 비용, 사회복지 및 의료시설 이용 환경, 안전 상태, 자연·양육·교육 환경에 대해 전반적으로 만족하는 태도를 보이고 있다.

3. 일본 화교·화인의 사회적응 현황

화교·화인의 일본사회 정착 실태를 심도 있게 파악하기 위해 설문조사를 중심으로 그들의 현지 사회적응 현황을 파악하였다. 그들의 사회적응에 대해서는 구체적으로 화교·화인과 일본 현지 주민과의 관계, 지역 활동 참여 상황, 지역사회 생활 실태, 양국 문화융합 등을 통해 검토하였다.

우선, 화교·화인과 일본 현지 주민과의 관계를 조사한 결과 〈표 3.6〉

표 3.6 화교·화인과 일본 현지 주민과의 관계 분야 평균 및 표준편차

질문항목	평균	표준 편차	빈도
나는 일본 현지사람과 오락, 취미생활, 쇼핑 등 여가활동을 함께 한다.	3.63	.930	112
나는 일본 현지사람과 어려울 때 서로 도움을 주고받는다.	3.76	.889	113
나는 일본 현지사람과 경조사가 생기면 서로 축하나 위로를 해준다.	3.44	.975	112
나는 현지 원주민과 진정한 친구가 될 수 있다.	3.73	.802	113

과 같이 나타났다. '일본 현지사람과 오락, 취미생활, 쇼핑 등 여가활동을 함께 한다'라는 질문항목의 평균값이 3.00보다 높은 3.63으로 나타났고, '일본 현지사람과 어려울 때 서로 도움을 주고 받는다'라는 질문항목의 평균값이 3.76으로 나타났다. 또한 '일본 현지사람과 경조사가 생기면 서로 축하나 위로를 해준다'라는 질문항목의 평균값은 3.44, '현지 원주민과 진정한 친구가 될 수 있다'라는 질문항목의 평균값이 3.73으로 나타났다.

이는 일본 화교·화인이 현지 일본사람과 여가활동을 함께 하고, 어려울 때 서로 도움을 주고 받으며, 경조사가 생기면 서로 축하나 위로를 해주는 관계를 유지하고 있을 뿐만 아니라, 일본인과 진정한 친구로 지내고 있다는 것을 설명한다. 다시 말해 화교·화인은 현지 일본인과 조화로운 관계를 유지하고 있다는 것이다.

다음, 일본 화교·화인의 사회적응 현황을 검토하기 위해 그들의 지역 활동 참여 실태를 조사하였다. 분석결과, '취업이나 창업을 위해 실시되는 교육과 활동에 빠짐없이 참여한다'라는 질문항목의 평균값이 3.00보다 낮은 2.75로 나타났고, '자녀교육과 관련된 행사 및 모임에 빠짐없이 참여하고 있다'라는 질문항목의 평균값이 3.07로 나타났다. 또한 '자격증 취득이나 학력을 높이기 위한 지역 활동에 적극적으로 참여하고 있다'라는 질문항목의 평균값이 2.88로 나타났고, '지역 봉사활동에 정기적으로 참여하고 있다'라는 질문항목의 평균값이 2.83으로 낮게 나타났다.

이러한 결과는 일본 화교·화인이 취업, 창업 관련 교육 및 활동에 적극적이지 않지만, 자녀교육과 관련된 행사 및 모임에는 참여하고 있다는 것으로 해석된다. 또한 자격증 취득이나 학력 향상을 위한 지역 활동에 대해서는 소극적이며, 지역 봉사활동에도 적극적으로 참여하고 있지 않다. 다시 말해, 일본 화교·화인은 현지 지역 활동에 적극적으로 참여하지 않는 것으로 나타났다.

표 3.7 일본 화교 · 화인의 지역 활동 참여 분야 평균 및 표준편차

질문항목	평균	표준 편차	빈도
나는 취업이나 창업을 위해 실시되는 교육과 활동에 빠짐없이 참여한다.	2.75	.940	113
나는 자녀교육과 관련된 행사 및 모임에 빠짐없이 참여하고 있다.	3.07	.942	113
나는 자격증 취득이나 학력을 높이기 위한 지역 활동에 적극적으로 참여하고 있다.	2.88	.904	113
나는 지역 봉사활동에 정기적으로 참여하고 있다.	2.83	.865	113

아울러 일본 화교 · 화인의 지역사회 생활실태를 세부적으로 검토하였다. 분석결과, '내가 살고 있는 지역의 사람들은 나를 지역주민으로 인정하고 있다'라는 질문항목의 평균값이 3.00보다 높은 3.54로 나타났고, '내가 살고 있고 지역의 사람들은 나를 인격적으로 존중해준다'라는 질문항목도 3.49로 높게 나타났다. 또한 '나는 내가 사는 지역의 문제에 대해 관심을 가지고 있다'라는 질문항목의 평균값이 3.41로 나타났고, '나는 내가 사는 지역에 계속 살고 싶다'라는 질문항목의 평균값이 3.73으로 나타났으며, '나는 내가 사는 지역에 자부심을 느낀다'라는 질문항목의 평균값이 3.50으로 나타났다. 마지막으로 '나는 내가 사는 지역의 지리를 잘 알고 있다'라는 질문항목의 평균값이 3.73으로 나타났고, '나는 내가 사는 지역에 있는 병원, 보건소 등을 혼자서 잘 이용할 수 있다'라는 질문항목의 평균값이 4.07로 높게 나타났다.

이는 일본 화교 · 화인이 지역사회에서 주민으로 인정받고 있고, 지역주민들이 그들을 인격적으로 존중하고 있다는 것을 느낀다는 것이다. 또한 그들은 지역주민으로서 지역 문제에 대해 관심을 가지고 있고, 현재 거주하고 있는 지역에 계속 살고자 하는 의지를 표출하고 있으며, 거주하고 있는 지역에 자부심을 가지고 있다는 것이다. 그들은 거주하고 있는 지역의 지리를 잘 알고 있을 뿐만 아니라, 병원 · 보건소 등 시설을 혼자서도

표 3.8 일본 화교 · 화인의 지역사회 생활 분야 평균 및 표준편차

질문항목	평균	표준 편차	빈도
내가 살고 있는 지역의 사람들은 나를 지역주민으로 인정하고 있다.	3.54	.802	113
내가 살고 있고 지역의 사람들은 나를 인격적으로 존중해준다.	3.49	.769	113
나는 내가 사는 지역의 문제에 대해 관심을 가지고 있다.	3.41	.798	113
나는 내가 사는 지역에 계속 살고 싶다.	3.73	.866	113
나는 내가 사는 지역에 자부심을 느낀다.	3.50	.846	113
나는 내가 사는 지역의 지리를 잘 알고 있다.	3.73	.805	112
나는 내가 사는 지역에 있는 병원, 보건소 등을 혼자서 잘 이용할 수 있다.	4.07	.887	112

잘 이용하고 있다. 이는 화교 · 화인이 거주국에서 안정적으로 정착하고 있으며, 지역사회에 위화감 없이 적응하고 있다는 것을 설명한다.

마지막으로, 이주민으로서의 일본 화교 · 화인이 모국과 거주국 문화를 어떻게 융합하면서 적응하고 있는가를 검토하기 위해 일상생활에서의 문화적응 양상을 조사하였다. 분석결과, '나는 내가 일본 문화를 배우듯 중국의 문화를 알리는 것도 중요하다고 생각한다'라는 질문항목의 평균값이 3.00보다 높은 3.70으로 나타났고, '나는 두 나라(일본과 중국) 문화의 장점을 모두 살리면서 생활하고 있다'라는 질문항목의 평균값도 3.64로 높게 나타났다. 또한 '나는 두 나라 문화를 연결하기 위해 노력하고 있다'라는 질문항목의 평균값이 3.46으로 나타났고, '나는 중국에 대해 잘못된 정보를 가진 사람에게 제대로 알려주려고 노력한다'라는 질문항목의 평균값이 3.45로 나타났으며, '나는 두 나라의 문화적 차이를 비판하기 보다는 이해하려는 태도가 중요하다고 생각한다'라는 질문항목의 평균값이 4.04로 높게 나타났다. 마지막으로 '나는 내가 살고 있는 곳의 문화를 받아들이는 것은 당연하다고 생각한다'라는 질문항목의 평균값이 3.72로 나타났

표 3.9 일본 화교 · 화인의 양국 문화융합 분야 평균 및 표준편차

질문항목	평균	표준 편차	빈도
나는 내가 일본 문화를 배우듯 중국의 문화를 알리는 것도 중요하다고 생각한다.	3.70	.905	113
나는 두 나라(일본과 중국) 문화의 장점을 모두 살리면서 생활하고 있다.	3.64	.745	113
나는 두 나라 문화를 연결하기 위해 노력하고 있다.	3.46	.756	113
나는 중국에 대해 잘못된 정보를 가진 사람에게 제대로 알려주려고 노력한다.	3.45	.744	113
나는 두 나라의 문화적 차이를 비판하기 보다는 이해하려는 태도가 중요하다고 생각한다.	4.04	.778	113
나는 내가 살고 있는 곳의 문화를 받아들이는 것은 당연하다고 생각한다.	3.72	.773	113
나는 내가 사는 지역의 생활풍습이나 생활양식에 익숙해져야 한다고 생각한다.	3.81	.778	113

고, '나는 내가 사는 지역의 생활풍습이나 생활양식에 익숙해져야 한다고 생각한다'라는 질문항목의 평균값이 3.81로 나타났다.

이는 일본 화교 · 화인이 모국 및 거주국 양국 문화를 배우고 알리는 것이 중요하다는 것을 인식하고 있고, 아울러 양국 문화의 장점을 살리면서 생활하고 있다는 것을 설명한다. 또한 그들은 모국과 거주국 문화를 연결하기 위해 노력하고 있고, 모국에 대한 잘못된 정보를 수정하고자 노력하고 있다. 일본 화교 · 화인은 모국과 거주국의 문화적 차이를 이해하고 있고, 거주하고 있는 지역의 문화를 받아들이는 것을 당연시하고 있으며, 거주국의 생활풍습이나 생활양식에 익숙해져야 한다고 생각하고 있다. 다시 말해, 일본 화교 · 화인은 현지사회에 적응하기 위해 적극적으로 일본 문화를 받아들이는 동시에 모국 문화도 이해하고 계승하고 있는 모습을 나타내고 있다. 이는 그들이 모국과 거주국 양국 문화를 조화롭게 융합시키면서 현지에 적응하고 있다는 것을 설명한다.

요컨대, 설문조사를 통해 일본 화교·화인의 사회적응 실태를 검토한 결과가 아래와 같이 나타났다. 화교·화인은 현지 일본인과 조화로운 관계를 유지하고 있으나, 지역 활동 참여에는 적극적이지 않으며, 지역사회에 위화감 없이 안정적으로 정착하고 있는 것으로 나타났다. 또한 일본 화교·화인은 거주국 문화를 적극적으로 수용하는 동시에 모국 문화도 유지하고 계승하려는 의지를 표출하고 있어 양국 문화를 유기적으로 융합하는 적응 양상을 나타내고 있다.

4. 화교·화인의 차별경험

일반적으로 모국을 떠나 거주국에서 새로운 삶을 개척한 디아스포라는 현지 거주국에서 이방인으로 취급되며, 주류사회로부터 타자화를 경험하게 된다. 일본 화교·화인의 현지사회 적응 실태를 파악하기 위해 일상생활, 사회생활, 취직 및 정보 취득 분야에서 그들의 차별경험을 조사하였다.

우선, 일상생활에서의 차별경험을 분석한 결과 〈표 3.10〉과 같이 나타났다. '화교라는 이유로 나를 무시하는 말이나 심한 표현을 들은 적이 있다'라는 질문항목의 평균값이 3.00보다 낮은 2.36으로 나타났고, '화교를 비하하는 단어를 들은 적이 있다'라는 질문항목의 평균값이 2.44로 나타났으며, '나의 외모나 언어에 대해 사람들이 거부감을 갖거나 싫어하는 느낌을 받은 적이 있다'라는 질문항목의 평균값이 2.37로 나타났다. 또한 '화교·화인이라는 이유로 내가 식당, 커피숍, 편의점 등에 들어가면 주인이 무관심하거나 불편해 한 적이 있다'라는 질문항목의 평균값이 1.89로 낮게 나타났고, '화교라는 이유로 같은 일본인에게 무시당하거나 무안을 당한 적이 있다'라는 질문항목도 평균값이 1.91로 낮게 나타났으며, '일상생활에서 문화, 예절의 차이로 차별을 경험한 적이 있다'라는 질문항목이

표 3.10 일상생활에서의 화교 · 화인 차별경험 분야 평균 및 표준편차

질문항목	평균	표준 편차	빈도
화교라는 이유로 나를 무시하는 말이나 심한 표현을 들은 적이 있다.	2.36	1.070	113
화교를 비하하는 단어를 들은 적이 있다.	2.44	1.126	113
나의 외모나 언어에 대해 사람들이 거부감을 갖거나 싫어하는 느낌을 받은 적이 있다.	2.37	1.095	113
화교 · 화인이라는 이유로 내가 식당, 커피숍, 편의점 등에 들어가면 주인이 무관심하거나 불편해 한 적이 있다.	1.89	1.003	113
화교라는 이유로 같은 일본인에게 무시당하거나 무안을 당한 적이 있다.	1.91	.996	113
일상생활에서 문화, 예절의 차이로 차별을 경험한 적이 있다.	2.37	1.079	113

2.37로 나타났다.

　이러한 조사결과는 일상생활에서 화교 · 화인이 현지 일본사람으로부터 무시하는 말이나, 화교를 비하하는 단어를 들은 경험이 많지 않으며, 외모나 언어로 인해 거부감을 느끼지 않았다는 것이다. 아울러 식당, 커피숍 등 공공장소에서 무시당하거나, 문화 · 예절 차이로 인한 차별경험이 많지 않다는 것이다. 즉, 일상생활에서 일본 화교 · 화인은 일본사람으로부터 소외당하거나 차별을 경험하고 있지 않다는 것을 설명한다.

　다음, 사회생활에서 화교 · 화인의 차별경험은 〈표 3.11〉과 같이 나타났다. '내가 화교이기 때문에 잘 말하지도, 잘 듣지도 못하는 식의 대우를 받은 적이 있다'라는 질문항목의 평균값이 2.23으로 나타났고, '내가 화교이기 때문에 아플 때 의사나 주변사람이 대수롭지 않게 생각한 적이 있다'라는 질문항목의 평균값이 2.06으로 나타났으며, '화교라는 이유로 다른 사람이 내가 하는 말이나 행동을 못 미더워 한 적이 있다'라는 질문항목의 평균값이 2.08로 나타났다. 또한 '화교라는 이유로 내가 궁금해 하는 것을 모른 척하거나, '몰라도 된다'며 대답해주지 않은 적이 있다'라는 질문항목

표 3.11 사회생활에서의 화교·화인 차별경험 분야 평균 및 표준편차

질문항목	평균	표준 편차	빈도
내가 화교이기 때문에 잘 말하지도, 잘 듣지도 못하는 식의 대우를 받은 적이 있다.	2.23	1.142	113
내가 화교이기 때문에 아플 때 의사나 주변사람이 대수롭지 않게 생각한 적이 있다.	2.06	1.046	113
화교라는 이유로 다른 사람이 내가 하는 말이나 행동을 못 미더워 한 적이 있다.	2.08	.992	113
화교라는 이유로 내가 궁금해 하는 것을 모른 척하거나, '몰라도 된다'며 대답해주지 않은 적이 있다.	2.02	.982	113
내가 할 수 있는 일인데도 화교라는 이유로 제대로 하지 못할 것으로 여겨 부탁내지 요청받지 못한 적이 있다.	2.12	1.045	113
화교·화인이라는 이유로 의사결정과정에서 내 의견이 무시당하거나 배제된 적이 있다.	2.03	1.013	113

의 평균값이 2.02로 나타났고, '내가 할 수 있는 일인데도 화교라는 이유로 제대로 하지 못할 것으로 여겨 부탁내지 요청받지 못한 적이 있다'라는 질문항목의 평균값이 2.12로 나타났으며, '화교·화인이라는 이유로 의사결정과정에서 내 의견이 무시당하거나 배제된 적이 있다'라는 질문항목의 평균값이 2.03으로 나타났다. 이는 화교·화인이 이주민이라는 이유로 사회생활에서 소외되거나, 의사결정과정에서 배제되는 경험이 많지 않다는 것을 설명한다.

마지막으로, 취직 및 정보 취득 분야에서 일본 화교·화인의 차별경험을 조사하였다. 분석결과, '화교가 할 수 있는 마땅한 일자리를 찾기 어렵다'라는 질문항목의 평균값이 2.42로 나타났고, '화교는 능력에 상관없이 적절한 대우를 받지 못한다'라는 질문항목의 평균값이 2.35로 나타났다. 또한 '화교들이 즐길만한 문화, 여가시설이나 프로그램이 부족하다'라는 질문항목의 평균값이 2.46으로 나타났고, '화교들이 필요로 하는 정보를 쉽게 얻을 수 없거나 이해하기 어렵다'라는 질문항목의 평균값이 2.43으

표 3.12 취직 및 정보 취득 분야에서의 화교 · 화인 차별경험 분야 평균 및 표준편차

질문항목	평균	표준 편차	빈도
화교가 할 수 있는 마땅한 일자리를 찾기 어렵다.	2.42	1.083	113
화교는 능력에 상관없이 적절한 대우를 받지 못한다.	2.35	1.017	113
화교들이 즐길 만한 문화, 여가시설이나 프로그램이 부족하다.	2.46	1.009	113
화교들이 필요로 하는 정보를 쉽게 얻을 수 없거나 이해하기 어렵다.	2.43	.972	113

로 나타났다. 이는 일본 화교 · 화인이 이주민이라는 이유로 인해 취직, 문화 · 여가시설 프로그램 이용, 정보 취득에서 어려움이 없으며, 차별을 경험하고 있지 않다는 것을 설명한다.

요컨대, 일본 화교 · 화인의 차별경험을 조사한 결과, 그들은 일상생활이나 사회생활, 취직 및 정보 취득 분야에서 이주민이라는 이유로 인해 소외되거나 배제되고 있지 않다는 것을 설명한다. 다시 말해, 일본 화교 · 화인은 현지에서 안정적으로 정착하고 있으며, 현지 일본사람과 조화로운 관계를 유지하고 있다.

IV

일본 화교·화인의 다중정체성

정체성은 소속감, 동질감, 연소성, 일체감 등의 의미를 내포하는 용어로[1], 객관적 측면과 주관적 측면으로 구분할 수 있다. 에릭슨(Erikson)에 따르면, 객관적 정체성은 개인이 소속되는 집단에 대한 귀속감 내지 일치감을 의미하고, 주관적 정체성은 개인이 집단 내에서 타인과 구별되는 독립된 존재로서 갖게 되는 정체의식이다.[2] 다시 말해, 정체성은 개인이나 집단의 자기인식이다.[3]

디아스포라는 모국을 떠나 거주국에서 새로운 삶을 영위한 이주민으로, 그들이 정착한 국가와 새로운 관계를 형성하는 동시에 모국과의 연계를 지속함으로써 두 국가 모두를 포함하는 초국가성을 나타낸다. 디아스포라는 이러한 초국적 경험을 통해 현지 거주국에서의 적응과 모국과의 연계성을 동시에 고려하면서 생활하고 있다.[4] 즉, 디아스포라는 거주국과 모국 사이에 '끼어있는' 존재로서 이중적인 성격을 나타내는데, 이는 다중정체성으로 표출된다. 그들은 거주국에 적응하면서 점차 국민정체성을 형성하게 되며, 동시에 모국에 대한 기억을 기반으로 민족정체성을 유지하게 된다.

일본으로 유입한 중국계 이주민은 100여 년의 역사를 거쳐 점차 주류사회로 진출하고 있지만, 일본사회에 완전히 동화되지 않고, 여전히 그들의 민족정체성을 유지하고 있다. 다음은 설문조사를 중심으로 일본 정착 화교 · 화인의 다중정체성을 검토하고자 한다.

---

1   임채완(1999), "중앙아시아 고려인의 언어적 정체성과 민족의식", 『국제정치론집』 제39집 2호, p.317.

2   이해춘(2006), "정체성 형성에 있어서 사이버공간의 역할", 『교육연구』 제25권, p.520.

3   이춘호 · 임채완(2014), "결혼이주여성의 다중적 정체성과 세력화에 관한 연구", 『평화학연구』 제15권 3호, p.98

4   전형권(2006), "우지베키스탄의 민족정책과 고려인 디아스포라 정체성: 고려인 설문조사 분석을 중심으로", 『슬라브학보』 제21권 제2호, p.356.

1. 국민정체성

국민정체성은 한 국가의 구성원들이 '국민됨(nationhood)'에 대해 생각하고 이야기하는 방식 또는 스스로를 규정하는 자기이해라고 할 수 있다.[5] 다시 말해, 국민정체성은 특정 국가의 구성원으로서 갖는 자기 나름의 감정과 대도를 의미한다.[6]

이 책에서는 일본 정착 화교·화인의 국민정체성을 분석하기 위해 그들이 일본에 대한 소속감, 일본 역사와 문화에 대한 이해 등을 조사하였다. 설문조사 결과, '나는 일본을 비하하는 기사를 보면 매우 기분 나쁘다'라는 질문항목의 평균치는 3.00보다 높은 3.70으로 나타났고, '나는 일본에서 생활하는 것이 자랑스럽다'라는 질문항목의 평균치는 3.79로 나타났다. 그러나 '나는 일본으로 귀화하는 것이 기쁘다'라는 질문항목의 평균치는 3.00보다 낮은 2.79로 나타났으며, '나는 일본 지역사회에서 사회구성원으로 인정받는다'라는 질문항목의 평균치는 3.48로 나타났다. 또한 '나는 일본의 이주민정책에 만족한다'라는 질문항목의 평균치도 3.00보다 낮은 2.66으로 나타났으며, '나는 일본의 역사, 전통, 관습 등에 대해 알려고 노력한다'라는 질문항목의 평균치는 3.19로 나타났다. 그리고 '나는 일본의 역사와 문화에 대해 잘 안다'라는 질문항목의 평균치는 3.00보다 낮은 2.75로 나타났고, '일본에 대한 강한 소속감을 느낀다'라는 질문항목의 평균치도 2.85로 낮게 나타났다. 마지막으로 '나는 다른 사람에게 일본에 대해 자주 이야기한다'라는 질문항목의 평균치는 3.09로 나타났고, '나는 화교·화인들이 일본어를 배우고 사용해야 한다고 생각한다'라는 질문항목

---

5 Brubaker, R., 1992, Citizenship and Nationhood in France and Germany, Cambridge, Mass: Harvard University Press, pp.13~14; 백승대·안태준(2013), "국민정체성이 청소년의 다문화수용성에 미치는 영향", 『대한정치학회보』 제21권 제2호, p.3 재인용.

6 백승대·안태준(2013), p.4.

표 4.1 일본 화교·화인의 국민정체성 질문사항의 평균 및 표준편차

질문항목	평균	표준편차	빈도
나는 일본을 비하하는 기사를 보면 매우 기분 나쁘다.	3.70	1.047	112
나는 일본에서 생활하는 것이 자랑스럽다.	3.79	.850	112
나는 일본으로 귀화하는 것이 기쁘다.	2.79	1.052	112
나는 일본 지역사회에서 사회구성원으로 인정받는다.	3.48	.794	112
나는 일본의 이주민정책에 만족한다.	2.66	.745	111
나는 일본의 역사, 전통, 관습 등에 대해 알려고 노력한다.	3.19	.822	112
나는 일본의 역사와 문화에 대해 잘 안다.	2.75	.847	111
나는 일본에 대한 강한 소속감을 느낀다.	2.85	.799	110
나는 다른 사람에게 일본에 대해 자주 이야기 한다.	3.09	.823	112
나는 화교·화인들이 일본어를 배우고 사용해야 한다고 생각한다.	3.38	.832	111

의 평균치는 3.38로 나타났다.

다시 말해, 일본 정착 화교·화인은 일상생활에서 일본을 비하하는 기사를 보면 기분이 나쁘고, 일본에서 생활하는 것이 자랑스럽게 생각하며, 일본 지역사회에서 사회구성원으로 인정받는 것으로 나타났다. 또한 일본의 역사, 전통, 관습 등에 대해 알려고 노력하고 있고, 다른 사람에게 일본에 대해 자주 이야기하며, 화교·화인들이 일본어를 배우고 사용해야 한다고 주장한다.

다만, 그들은 여전히 일본으로 귀화하는 것을 소극적으로 대응하고 있으며, 일본의 이주민정책에 불만을 토로하고 있다. 또한 그들은 일본사회에 유입된 이주민으로 일본의 역사와 문화에 대해 잘 알지 못하는 것으로 나타났으며, 일본에 대한 강한 소속감을 표출하지 않고 있다.

요컨대 일본에 정착하고 있는 화교·화인들은 일상생활에서 일본사회에 안정적으로 정착하고 있고, 일본의 역사, 문화, 전통, 관습 등에 대해

알려고 노력하고 있으나, 거주국에 대해서는 강한 소속감을 표출하지 않고 있는 것으로 나타났다.

2. 민족정체성[7]

이 책에서는 화교·화인이 민족정체성을 유지하고 있는지를 가늠하기 위해 그들의 모국어, 전통문화 보존정도를 파악하고, 더불어 그들의 공동체 소속감 즉 민족의식을 조사 분석하고자 한다. 또한 디아스포라의 민족정체성은 디아스포라 집단의 내부요인, 거주국과 모국의 이주민 정책, 국제환경의 변화 등 다양한 요인에 의해 결정된다. 이 책은 이러한 다양한 요인 중에서도 디아스포라 집단 내부 요인에 주목하여 일본 화교·화인들이 어떠한 노력을 통해 민족정체성을 유지하고 있는가를 탐구하고자 한다. 이를 도식화하면 〈그림 4.1〉과 같다.

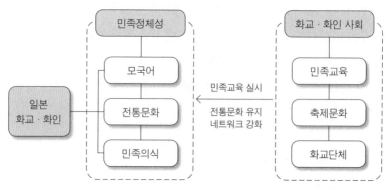

그림 4.1 일본 화교·화인 민족정체성 분석틀

---

7 김혜련(2016b), "일본 화교·화인의 민족정체성 조사 연구", 『중국학』 제55집, pp.395-397.

1) 화교·화인의 민족정체성 실태

디아스포라의 민족정체성은 외형적 문화 특성을 의미하는 객관적 요소와 민족 구성원으로서의 소속의식을 강조하는 주관적 요소로 구분된다. 다음은 일본 화교·화인의 모국어 구사능력, 전통문화 보존 실태, 민족의식 강도 등을 통해 그들의 민족정체성을 분석하고자 한다.

(1) 모국어

국제이주를 통해 거주국에서 새로운 삶의 터전을 개척한 디아스포라 집단에게 있어서 언어능력과 같은 의사소통 기술은 거주국 사회로의 적응을 위한 필수도구이며, 동시에 이주민이 거주국에서 민족정체성을 형성하고 모국과의 연계를 유지하는 기반이라고 할 수 있다. 일본에 거주하고 있는 화교·화인 특히 차이나타운 출신 화교·화인은 중국어를 능통하게 구사하고 있으며, 일상생활에서도 중국어를 빈도 높게 사용하고 있다.

일본 화교·화인의 중국어 수준을 조사한 결과, 〈표 4.2〉에서 나타나듯이 19.5%(22명)가 '조금 잘함', 31.0%(35명)가 '매우 잘함'이라고 응답하였고, 1.8%(2명)가 '매우 못함', 17.7%(20명)가 '조금 못함'이라고 응답하였으며, '보통'이라고 응답한 화인은 30.1%(34명)이다. 즉, 중국어를 '잘하는 ("조금 잘함"과 "매우 잘함" 포함)' 화교·화인 비율(50.5%)이 '못하는('조금 못함'과 '매우 못함' 포함)' 비율(19.5%)보다 월등하게 높게 나타났다.

표 4.2 일본 화교·화인의 중국어 수준

질문사항	매우 못함	조금 못함	보통	조금 잘함	매우 잘함	전체
빈도(명)	2	20	34	22	35	113
비율(%)	1.8	17.7	30.1	19.5	31.0	100

더불어 화교·화인이 일상생활에서 중국어를 어느 정도로 사용하고 있는가를 분석하기 위해 중국어 글쓰기 능력, 가족과의 대화에서 중국어 사용빈도 등을 조사하였다. 분석결과 〈표 4.3〉에서도 나타나듯이, 질문사항 '일상생활에서 중국어를 자주 사용한다'의 평균값은 3.38, '중국어로 글을 쓸 수 있다'의 평균값은 3.51, '가족과의 대화에서 중국어를 사용한다'의 평균값은 3.11로 나타났다. 이는 일본 회교·화인이 모국어를 습득하고 있을 뿐만 아니라, 일상생활에서도 중국어를 빈번하게 사용하고 있다는 것을 설명한다.

표 4.3 중국어 사용 관련 질문사항의 평균 및 표준편차

질문항목	평균	표준편차	빈도
나는 일상생활에서 중국어를 자주 사용한다.	3.38	1.277	113
나는 중국어로 글을 쓸 수 있다.	3.51	1.233	113
나는 가족과 대화에서 중국어를 사용한다.	3.11	1.338	112

화교·화인의 이러한 모국어 구사능력은 심층면접에서도 잘 나타난다. 화교·화인은 화교학교에서 모국어를 습득하고, 일상생활에서도 의도적으로 모국을 사용하고 있다.

사례 14: 저는 중학교까지 고베중화동문학교에서 공부했어요. 그래서 중국어를 잘하구요. 집에서도 부모님이랑 중국어로 많이 이야기해요. … 그리고 대학교 때는 베이징에 가서 1년 동안 언어연수도 받았어요(사례 14, 스O).

연구자: 연어연수는 부모님 권유로 가신 건가요? 아니면 본인이 직접 중국으로 가보고 싶었던가요?

사례 14: 두 가지 이유 다 있었던 것 같아요. 워낙 부모님이 중국어를 중요시 했고, 저도 어릴 때부터 중국어, 중국 문화를 접하다보니까 직접 가서 체험해보고 싶었어요. 저 주변의 많은 친구도 다 그렇게 했어요(사례 14, 스O).

(2) 전통문화

디아스포라가 현지 거주국에서 어느 정도로 전통문화를 보존하고 계승하고 있는가는 그들의 민족정체성을 가늠하는 중요한 척도이다. 다음은 단일민족국가 일본에서 화교·화인이 그들만의 전통문화를 어느 정도로 계승하고 있는가를 분석하기 위해 그들의 모국문화 관심도, 전통명절 유지 여부, 중국 전통음식 선호도 등을 조사하였다.

분석결과 〈표 4.4〉에서 나타나듯이, 질문사항 '중국 문화에 관심이 많다'의 평균값은 3.46, '중국 전통명절을 지키고 있다'의 평균값은 3.22, '중국 혼인 전통 풍습을 지키고 있다'의 평균값은 3.03, '중국 전통음식을 자주 먹는다'의 평균값은 3.54, '화교·화인의 전통 행사에 참여한다'의 평균값은 3.51, '화교·화인의 전통과 문화가 보존 계승되어야 한다고 생각한다'의 평균값은 3.82로 나타났다. 이는 화교·화인이 여전히 중국 전통문화에 관심을 가지고 있고, 일상생활에서 전통명절, 전통풍습 등을 체화시킴으로써 모국문화를 유지 계승하고 있다는 것을 보여준다.

표 4.4 중국어 전통문화 질문사항의 평균 및 표준편차

질문항목	평균	표준 편차	빈도
나는 중국 문화에 관심이 많다.	3.46	.912	111
나는 중국 전통명절(중추절, 춘절, 단오)을 지키고 있다.	3.22	1.124	113
나는 중국의 혼인 전통 풍습을 지키고 있다.	3.03	1.174	112
나는 중국의 전통음식을 자주 먹는다.	3.54	1.078	113
나는 화교·화인의 전통 행사에 참여한다.	3.51	1.001	113
나는 화교·화인의 전통과 문화가 보존 계승되어야 한다고 생각한다.	3.82	.899	113

일본 화교·화인이 전통명절을 지키고, 모국 문화를 계승하는 의지는 심층면접에서도 잘 나타난다. 그들은 오랜 현지적응 과정에도 불구하고

여전히 춘절(春节), 중추절(中秋)과 같은 전통명절을 지키고 있으며, 모국문화를 보존하기 위해 노력하고 있다.

> 사례 14: 저는 이민 3세인데 아직 중국 국적을 가지고 있습니다. 화교학교를 나와서 화교총회에서 일을 하고 있구요. … 어렸을 때 부모님의 영향이라고 생각해요. 저의 집에서는 아직 명절에 제사를 지냅니다(사례 14, 스이).

> 사례 12: 사자춤이나 전통무용이 중요하다고 생각해요. 우리가 중국인의 후예라는 것을 다시 확인하는 과정이죠. 저의 아들도 지금 화교학교에 다니고 있는데 사자춤을 배우고 있어요. 대를 이어가고 있어요(사례 12, 린O).

(3) 민족의식

국가의 장벽이 무너지고 초국적 행위자의 활동이 빈번해짐에 따라 행위자들의 상호 연관성도 심화되고 있다. 디아스포라는 자신들이 정착한 거주국과 새로운 관계를 형성하고 있지만, 모국과의 연결을 유지함으로써 두 국가 모두를 포함하는 초국가적 삶을 살게 된다. 모국과의 연계에서 가장 핵심적인 요인 중의 하나가 바로 민족정체성이다. 더불어 민족의식은 디아스포라의 민족정체성을 반영하는 주관적 요소이다. 민족소속감, 민족자긍심이 강하게 표출될수록 민족정체성이 강하게 나타난다.

일본 화교·화인의 민족의식을 조사하기 위해 그들의 민족자긍심, 소속감, 화교단체 참여여부 등을 분석하였다. 분석결과, 질문사항 '화교·화인의 후손이라는 사실이 자랑스럽다'의 평균값은 3.89, '화교·화인에 친근감을 느낀다'의 평균값은 4.04로 높게 나타났으며, '화교·화인에게 강한 소속감을 느낀다'의 평균값은 3.51, '화교·화인의 역사, 전통, 관심 등을 알려고 노력한다'의 평균값은 3.16, '화교·화인 단체에 적극 참여한다'의 평균값은 3.45, '주변 사람에게 화교·화인 역사와 문화를 자주 이야기한다'의 평균값이 3.10으로 나타났다. 이는 화교·화인이 비록 오랜 이주

표 4.5 민족의식 질문사항의 평균 및 표준편차

질문항목	평균	표준 편차	빈도
나는 화교 · 화인 후손이라는 사실이 자랑스럽다.	3.89	1.021	113
나는 화교 · 화인에 친근감을 느낀다.	4.04	.925	113
나는 화교 · 화인에게 강한 소속감을 가지고 있다.	3.51	1010	113
나는 화교 · 화인의 역사, 전통, 관습 등에 대해 알려고 노력한다.	3.16	1.066	111
나는 화교 · 화인 단체(화교협회, 동향회 등)에 적극 참여한다.	3.45	1.118	113
나는 다른 사람에게 화교 · 화인의 역사와 문화에 대해 자주 이야기한다.	3.10	1.052	113

역사를 거쳐 일본사회에 안정적으로 정착하고 있으나, 여전히 강한 민족 소속의식을 표출하고 있다는 것을 설명한다.

설문조사와 심층면접을 통해 일본 화교 · 화인의 모국어 구사능력 및 사용빈도, 전통문화 선호도, 민족의식 등을 조사한 결과는 아래와 같다. 화교 · 화인은 일본사회에 완전히 동화된 것이 아니라, 강한 민족정체성을 유지하고 있으며, 능통하게 중국어를 구사하는 비율도 높게 나타났다. 더불어 화교 · 화인은 일상생활에서도 모국어를 빈도 높게 사용하고 있으며, 중국음식을 선호하고, 전통명절을 유지하는 등 모국문화를 보존 계승하고 있다.

2) 민족정체성 형성 요인[8]

100여 년 전에 일본으로 이주한 화교 · 화인은 오랜 현지사회 적응과정을 거쳐 점차 일본사회에 안정적으로 정착하고 있으나, 여전히 강한 민

---

8 김혜련(2016b), pp.398-401.

족정체성을 유지하고 있다. 화교·화인의 민족정체성은 거주국의 이주민 정책, 국제환경의 변화 등 다양한 요인에 의해 결정되나, 가장 중요한 요인은 여전히 화교·화인 내부 집단의 노력이다. 다음은 화교·화인 민족 정체성의 형성 원인을 민족교육, 문화축제, 화교단체로부터 찾아보고자 한다.

(1) 민족교육

화교·화인들이 단일민족국가 일본에서 민족체성을 유지하고, 그들만의 공동체를 형성할 수 있는 것은 화교학교를 통해 민족교육을 강화하였기 때문이다. 현재 일본에는 도쿄중화학교(东京中华学校), 요코하마중화학원(横滨中华学院), 요코하마야마테중화학교(横滨山手中华学校), 오사카중화학교(大阪中华学校), 고베중화동문학교(神户中华学校) 총 5개 화교학교가 운영되고 있다.

중국에서 출판한 교과서와 중국 간체자(简体字)를 가르치는 요코하마야마테중화학교와 고베중화동문학교가 대륙계이고, 대만 교과서를 기준으로 번체자(繁体字)를 가르치는 도쿄중화학교, 요코하마중화학원, 오사카중화학교가 대만계이다.[9] 비록 대륙계와 대만계 화교학교의 운영 및 교육 체계가 서로 다르지만 모두 중국어 및 전통문화 교육을 주요한 목적으로 한다. 일본 화교·화인들의 민족정체성을 강화하는 과정에서 화교학교의 역할을 분석하기 위해 요코하마중화학원과 고베중화동문학교를 직접 방문하여 중국어 교육 현황과 전통문화 교육 실태를 살펴보았다.

현재 일본에서 운영되고 있는 5개의 화교학교는 모두 중국어, 일본어, 영어 교육을 병행하는 3중언어교육을 실행하고 있다. 3중언어교육 중에

9　김혜련(2015a), "일본 화교·화인 현지사회 적응에서 화교학교의 역할", 『평화학연구』 제16권 4호, pp.303~304.

표 4.6 요코하마중화학원과 고베중화동문학교의 3개국어 커리큘럼

구분		중국어	일본어	영어
초등학교	1학년	8교시(12교시)	4교시(1교시)	-
	2학년	8교시(11교시)	4교시(2교시)	-
	3학년	6교시(10교시)	4교시(3교시)	2교시(-)
	4학년	6교시(10교시)	4교시(3교시)	2교시(1교시)
	5학년	6교시(9교시)	5교시(3교시)	2교시(1교시)
	6학년	6교시(9교시)	5교시(3교시)	2교시(1교시)
중학교	1학년	6교시(6교시)	5교시(4교시)	4교시(4교시)
	2학년	6교시(6교시)	5교시(4교시)	4교시(4교시)
	3학년	6교시(5교시)	5교시(5교시)	5교시(4교시)

* ( )의 수치는 고베중화동문학교의 커리큘럼
* 출처: 요코하마중화학원, http://www.yocs.jp/YOCS/about.12.php(검색일: 2016.04.15.); 고베중화동
  문학교, http:// www.tongwen.ed.jp/kyoiku/curriculum_sho.html(검색일: 2016.04.15.).

서도 중국어가 가장 중요한 교과목 중의 하나이다. 요코하마중화학원과
고베중화동문학교의 3개국어 커리큘럼에서도 나타나듯이, 화교학교는 모
국어인 중국어를 가르침으로써 학생들의 민족의식을 강화하고 있다.

일본 화교학교는 중국어 교육 외에도 민족악기, 민족무용, 전통명절
체험 등 다양한 경로를 통해 민족교육을 추진하고 있다. 예컨대 요코하마
중화학원은 전통문화를 계승하기 위해 커리큘럼에 전통문화 교육과정을
편성해 남학생은 사자춤(舞狮), 용춤(舞龙)을 배우고, 여학생은 전통무용을
배우도록 하고 있다. 고베중화동문학교도 민족악기, 전통무용, 사자춤, 서
예 등을 교과목에 편성하여 학생들이 쉽게 전통문화를 접하도록 하고 있
다.[10] 화교학교의 이러한 민족교육은 인터뷰에서도 잘 나타난다.

---

10 김혜련(2015a), pp.307~308.

사례 4: 화교학교 학생들은 쉽게 전통문화를 접할 수 있습니다. 중추절에는 학교에서 웨빙(月饼)을 만들기도 하고, 춘절에는 뚜이렌(对联)을 직접 쓰기도 합니다. … 학생들이 전통 문화를 계승할 수 있도록 학교에서는 여러 가지 행사를 합니다(사례 4, 펑○궈).

이러한 민족교육으로 인해 화교학교 졸업생들은 민족문화를 체화시키고 있을 뿐만 아니라, 일본사회에서도 적극적으로 중국 전통문화를 전파하고 있다. 백여 년의 현지적응 과정을 거쳐 많은 중국계 이주민은 화교에서 화인으로의 신분 전환을 완성해 일본사회에 동화되어 가고 있다. 그러나 화교학교의 민족교육으로 인해 현재의 화교·화인들은 여전히 중국어를 구사하고, 전통명절을 보존하고 있으며, 그들만의 민족정체성을 유지하고 있다. 일본 화교·화인의 주요한 교육시설로 자리매김한 화교학교는 중국어 및 전통문화 교육을 통해 화교사회를 유지하고 발전시키는 버팀목일 뿐만 아니라, 일본 화교사회와 중국을 연결하는 연결고리이며, 그들이 민족정체성을 유지할 수 있는 가장 중요한 원인이다.

(2) 축제문화

이주민에게 있어서 축제는 모국 고향에 대한 향수의 표출이며, 민족정체성을 유지하는 수단중의 하나이다. 일본 화교·화인의 민족집거지인 차이나타운에는 바로 이러한 고향에 대한 향수를 표출하는 축제문화가 형성되어 있다. 차이나타운에 정착하고 있는 화교·화인은 능숙하게 중국어를 구사하고 있을 뿐만 아니라, 모국을 향한 민족정체성을 유지하고 있으며 그들만의 공동체를 구축하고 있다. 그들이 이러한 민족정체성을 유지할 수 있는 원인 중의 하나가 바로 사자춤, 전통무용, 명절 축제 등을 비롯한 축제문화를 형성하였기 때문이다. 예컨대 요코하마 차이나타운에는 관제탄(关帝诞), 마조탄(妈祖诞), 미식축제(美食节), 국경절(国庆节) 등 다양한 축제가 개최되는데 그중에서 가장 큰 규모의 축제는 여전히 중국 전통명절인 중추절(中秋)과 춘절(春节) 때 정기적으로 개최하는 축제이다.

요코하마 차이나타운 축제에는 중국 전통 음식은 물론, 사자춤 · 용춤 · 전통무용을 선보여 그들만의 정체성을 강화하는 동시에 일본사회에 중국 문화를 홍보하기도 한다.[11] 고베 난킨마치(南京町) 차이나타운에도 해마다 봄축제(春风祭), 중추절축제, 춘절축제를 개최함으로써 모국에 대한 향수를 표출하고 있다. 축제기간에는 사자춤, 용춤, 전통무용, 전통서커스, 등롱축제, 포토전시회 등 다양한 행사가 진행된다. 나가사키 신치쥬카가이(新地中华街)의 가장 유명한 축제는 매년 2월 달에 개최하는 등롱축체(灯会)이다. 약 2주 동안 개최되는 축제 기간, 신치쥬카가이에는 약 5,000개의 중국식 등롱(灯笼)이 장식되어 수만 명의 관광객이 모여들고 있다.

표 4.7 일본 차이나타운의 민족축제

지역	민족축제
요코하마 쥬카가이 차이나타운 (横滨中华街)	관제탄, 마주탄, 미식축제, 국경절, 중추절축제(中秋祭), 춘절축제
난킨마치 차이나타운 (神户南京町)	봄축제, 중추절축제, 춘절축제
신치 쥬카가이 차이나타운 (长崎新地中华街)	등롱축제(灯会), 중추절축제, 춘절축제

이렇듯 일본 화교 · 화인들은 다양한 민족축제를 통해 다시 한번 중국계 이주민으로서의 정체성을 확인하게 된다. 민속문화 특색이 농후한 이러한 행사는 모국에 대한 화교 · 화인의 향수를 표출하는 동시에 민족정체성을 강화하는 역할을 수행하기도 한다.

---

11 김혜련(2016a), "일본 요코하마 차이나타운의 모국 상징기제 연구", 『동북아문화연구』 제46집, pp.299-300.

사례 5: 요코하마 차이나타운에는 일년에 축제를 여러 번 해요. 춘절, 중추절, 관제탄 … 많아요. 축제에는 사자춤도 추고 전통무용 공연도 하고, 전통음식 시식도 하고 그래요. … 저는 축제가 필요하다고 생각해요. 전통문화도 지킬 수 있고, 관광객도 유치할 수 있어서요. … 축제 때에는 자부심이 느껴진다고 할까요 (웃음) … (사례 5, 천○원).

(3) 화교단체

화교단체는 일본 화교·화인이 공동체를 형성하고 민족정체성을 유지하는데 중요한 역할을 담당한다. 화교·화인은 화교단체를 중심으로 복합적인 네트워크를 형성하고 이를 통하여 강력한 민족 응집력을 형성하고 있다. 일본 화교·화인 특히 차이나타운에 거주하고 있는 화교·화인은 하나 이상의 단체에 가입하여 회원으로서 우의를 다지고 정보를 주고받으며 유대를 강화하고 있다.

일본의 화교단체는 화교·화인의 출진지역을 중심으로 한 동향회(광동회관, 복건회관 등), 일본중화총상회를 비롯한 경제인 네트워크, 그리고 일본 정착 화교·화인의 친목을 도모하고 결속력을 강화하기 위한 화교총회 등 다양한 형식의 단체가 구축되어 있다. 그 중에서도 가장 대표적인 화교단체는 화교·화인의 권익을 보장하고, 네트워크를 강화하기 위해 설립된 화교총회(华侨总会)이다.

화교총회는 일본에 정착하고 있는 화교·화인의 유대를 강화하고, 민족정체성을 유지하며, 전통문화를 보존 계승하기 위해 설립된 화교단체이다. 화교총회는 화교학교와 마찬가지로 대륙계와 대만계로 이분화 되었다. 비록 화교총회는 대륙계와 대만계로 나누어져 운영되고 있으나, 설립목적은 모두 화교·화인들의 민족정체성을 유지하고 결속력을 강화하기 위한 것이다. 따라서 오랜 이주역사를 거쳐 화교총회의 회원은 이미 국적에 상관없이 화교총회에서 함께 어울려 공존하고 있다.

일본 화교·화인 사회에서 화교단체의 역할을 검토하기 위해 요코하마와 고베에서 가장 대표적인 요코하마화교총회(대만계)와 고베화교총회(대륙계)를 직접 방문하여 그들의 운영 실태를 살펴보았다.

① 대만계 요코하마화교총회

대만계 요코하마화교총회(橫濱華僑總会)는 요코하마 쥬카가이 차이나타운에 위치해 있으며, 관제묘와 요코하마중화학원과 인접해 있다. 대만계 요코하마화교총회는 오랜 역사를 가지고 있다. 1859년 요코하마 개항 이후부터 대만 출신 화교·화인이 그들만의 단체를 구축하기 시작하였으며, 1946년에 공식적으로 대만계 요코하마화교총회를 설립하였다.

대만계 요코하마화교총회는 일본 가나가와현(神奈川県)에 거주하는 대만계 화교·화인의 친목을 도모하고 그들의 합법적 권인을 보고하기 위해 설립되었다. 따라서 대만계 요코하마화교총회(橫濱華僑總会)는 화교·화인의 응집력을 강화하기 위해 해마다 정기총회를 개최하여 회원들의 결속력

사진 4.1 요코하마화교총회(대만계)

사진 4.2 요코하마화교총회(대만계) 사무실 내부 사진

을 강화하고 있을 뿐만 아니라, 명절축제를 기획하고, 태극권 · 전통요리 강습실 등을 운영하면서 회원들의 네트워크를 강화하고 있다.

더불어 요코하마화교총회는 화교 · 화인에게 대만 비자 신청 관련 서류, 대만 관련 정보를 제공하는 등 모국과의 연대를 강화하는 연결고리 역할을 담당하고 있다. 대만계 요코하마화교총회 회장과의 인터뷰에서도 나타나듯이 요코하마화교총회는 현지 대만계 화교 · 화인을 대변하는 화교단체이며, 회원들의 네트워크를 강화하기 위해 쌍십절(雙十節), 중추절축제, 춘절축제 등을 개최하고 있다.

사례 3: 일본에서 화교·화인이 제일 많은 곳이 요코하마입니다. 면적은 작지만 가게가 밀집되어 있어요. 오시면서 보셨을 텐데 관광객들도 엄청 많아요.

연구자: 요코하마 차이나타운에 거주하고 있는 사람들은 주로 어떤 사람들인가요?

사진 4.3 요코하마화교총회(대만계) 인터뷰 사진

사례 3: 중국에서 온 신화교[12]들이 제일 많아요. 여기에서 가게를 운영하는 대만 화교·화인들은 그렇게 많지 않아요. 직장 다니는 사람들이 많은 편입니다. … 일본사람들이 대만 요리를 좋아해요. 담백한 편이라서 일본인 입맛에 맞아요.

연구자: 화교총회는 어떤 역할을 담당하나요?

사례 3: 주로 대만계 화교·화인들의 친목을 도모하고 네트워크를 활성화하는 것입니다. 그리고 저희 화교총회는 해마다 다양한 행사를 개최해요. 춘철축제(春节祭), 쌍십절(双十节) 아주 많아요. 저희 건물 바로 옆이 관제묘인데, 거기서 정기적으로 행사를 해요(사례 3, 스O펑).

연구자: 혹시 대륙계 화교총회와는 교류나 협력을 하나요?

사례 3: 행사할 때 자주 협력하죠. 관제탄(关帝诞)이라든가 마조탄(妈祖诞) 행사를 기획할 때 교류 많이 해요. 또 워낙 가깝다 보니까 … 지금은 일본사람이나 외

---

12 일본에 정착하고 있는 화교는 크게 두개의 집단으로 세분화할 수 있다. 하나는 백여 년 전에 일본으로 이주해 현재까지 여전히 중국(혹은 '중화민국') 여권을 소지하고 있는 '구화교(老华侨)'이고, 다른 하나는 1972년 중·일 수교 이후, 특히 1978년 중국 개혁개방 이후 새로운 이민물결을 따라 일본으로 이주한 '신화교(新华侨)'이다.

사진 4.4 요코하마화교총회(대만계) 홈페이지
출처: http://kakyonet.com/(검색일: 2017.10.30)

국인과도 어울리는데 화교들 사이는 더욱 그렇죠, 어울려야 한다고 생각해요
(사례 3, 스○펑).

② 대륙계 고베화교총회[13]

중국 대륙과 대만의 대립으로 인해 일본 화교·화인사회는 대륙계와
대만계로 이분화 되어 있다. 따라서 고베 화교·화인사회에서 가장 대표
적인 화교협회도 대륙계 화교총회와 대만계 화교총회로 나누어진다. 그
중에서도 고베지역에서는 대륙계 화교총회가 비교적 활발한 활동을 이어
가고 있다.

고베화교총회는 1946년 제2차 세계대전 이후 고베지역 화교·화인

---

13 김혜련·리단(2017), "일본 화교 화인 민족집거지의 형성과 화교단체의 역할", 『동북아문
화연구』 제51집, p.41.

사진 4.5 고베화교총회(대륙계)

이 그들의 권익을 보호하고 단결을 강화하기 위해 설립된 화교단체이다. 1976년 고베화교총회는 1956년에 설립된 고베화교친목회(神戸華僑联谊会)와 통합하여 영향력을 확대하였다. 고베화교총회의 설립 취지는 화교·화인의 정당한 권익을 보호하고 복지를 강화하며, 문화·교육사업을 적극적으로 추진해 중·일 양국 우호관계를 촉진하는 것이다.

고베화교총회는 정부를 대변해 공증서류를 발급하는 등 다양한 업무를 담당하고 있다. 특히 오사카중국영사관이 설립되기 이전, 고베화교총회는 중국 정부를 대변해 여권을 발급하거나 갱신하는 다양한 업무를 대행하였다. 현재는 여전히 국적증명서, 친족관계증명서, 출생증명서 등 다양한 공증서류를 발급하고 있다. 아울러 고베화교총회는 해마다 춘절행사(新年团拜), 봄가을 운동회, 국경절 행사 등을 통해 현지 화교·화인의 친목을 도모하고 있다.

고베화교총회는 현지 화교·화인사회에서 높은 위상을 차지하고 있

사진 4.6 고베화교총회(대륙계) 홈페이지
출처: http://www.kobe-chinese.com/public/index.html(검색일: 2018.02.6.)

다. 총회는 차이나타운에서 대륙계 화교·화인을 아우르는 총괄적인 화교
단체로, 친목을 도모하는 행사를 주관할 뿐만 아니라, 중일 양국관계를 위
한 정치적인 활동도 추진하고 있다. 인터뷰 대상자 스○씨는 화교 3세대
로 현재 고베화교총회 사무국장으로 재직 중이다. 그는 현지 화교·화인
사회에서 고베화교총회의 역할을 강조하고 있다.

> 연구자: 고베화교총회는 어떤 취지로 설립되었고, 어떤 역할은 하고 있나요?
>
> 사례 14: 고베화교총회는 현지 화교·화인을 대표할 수 있는 총괄적인 단체라고 말
> 할 수 있어요. 오사카에 영사관이 설립되기 전에는 영사 업무도 처리하고 했습
> 니다. 설립취지라면 주로 고베에 정착하고 있는 화교·화인들의 단결을 강화하
> 고, 합법적인 권익을 보고하기 위해 설립된 것입니다. … 그리고 고베화교총회
> 는 중국과 일본의 외교관계를 위해서도 노력하고 있어요(사례 14, 스○).
>
> 연구자: 고베화교총회는 평소에 어떤 활동을 주최하나요?
>
> 사례 14: 저희 화교총회는 대륙계이지만, 회원은 국적을 따지지 않아요. 대만, 중국,
> 일본 여권을 불문하고 총회에 가입할 수 있어요. … 총회는 여러 가지 행사를

기획하는데 민족무용 공연도 하고, 태극권도 배워요. 중국 전통문화를 이해하기 위해 중국영화감상회도 해요(사례 14, 스오).

제4장에서는 100여 년 전에 일본으로 유입되어 정착하고 있는 화교 · 화인의 다중정체성을 분석하기 위해 요코하마와 고베 차이나타운을 중심으로 설문조사와 심층면접을 진행하였다. 연구결과 화교 · 화인의 국민정체성의 경우, 그들은 일상생활에서 일본을 비하하는 기사를 보면 기분이 나쁘고, 일본에서 생활하는 것을 자랑스럽게 생각하며, 일본 지역사회에서 사회구성원으로 인정받는 것으로 나타났다. 또한 일본의 역사, 전통, 관습 등에 대해 알려고 노력하고 있고, 다른 사람에게 일본에 대해 자주 이야기하며, 화교 · 화인들이 일본어를 배우고 사용해야 한다고 주장한다. 이는 화교 · 화인이 일본사회에서 안정적으로 정착하고 있는 것을 설명한다. 그러나 이주민으로서의 화교 · 화인은 일본으로 귀화하는 것에 대해 소극적인 반응을 보이고 있으며, 일본의 이주민정책에 불만을 토로하고 있다. 또한 그들은 일본의 역사와 문화에 대해 잘 이해하지 못하는 것으로 나타났으며, 일본에 대한 강한 소속감을 표출하지 않고 있다. 다시 말해, 일본에 정착하고 있는 화교 · 화인들은 일상생활에서 일본사회에 안정적으로 정착하고 있고, 일본의 역사, 문화, 전통, 관습 등에 대해 알려고 노력하고 있으나, 거주국에 대해 강한 소속감을 느끼지 않으며, 명확한 국민정체성을 나타내지 않는다는 것이다.

국민정체성과 달리 화교 · 화인은 강한 민족정체성을 유지하고 있다. 그들은 능통하게 중국어를 구사하고 있으며, 일상생활에서도 중국어를 빈도 높게 사용하고 있다. 더불어 화교 · 화인은 춘절, 중추절, 단오 등 전통명절을 여전히 유지하고 있으며, 사자춤 · 전통무용 · 민족악기 등을 통해 전통문화를 보존하고 계승하려는 의지를 나타내고 있다. 화교 · 화인은 모국어 구사능력과 전통문화를 기반으로 뚜렷한 민족의식을 표출하고 있다.

그들은 화교·화인의 후예로서 민족자긍심을 느끼고 있으며, 민족공동체에 강한 소속감을 표출하고 있다. 다시 말해, 일본 화교·화인은 현지사회에 완전히 동화된 것이 아니라, 여전히 그들만의 민족정체성을 유지하고 있다는 것이다.

화교·화인의 민족정체성은 다양한 영향요인에 의해 결정되지만, 가장 중요한 것은 여전히 민족공동체 내부의 노력과 의지이다. 우선, 화교·화인은 화교학교를 설립해 차세대 화교·화인의 민족교육을 강화하고 있다. 화교학교는 일본 화교·화인 사회를 유지하고 발전시키는 버팀목일 뿐만 아니라, 일본 화교사회와 중국을 연결하는 연결고리이며, 민족정체성을 강화하는 장치이기도 하다.

다음, 화교·화인은 차이나타운에서 축제문화를 형성함으로써 모국에 대한 향수를 표출하는 동시에 화교·화인의 민족의식과 민족정체성을 고양시키고 있다. 명절 때마다 개최되는 화교축제는 이미 화교·화인의 일상생활에서 없어서는 안 되는 중요한 행사로 자리 잡았다.

마지막으로 화교·화인은 화교협회를 비롯한 단체를 운영함으로써 정보를 공유하고 유대를 강화하고 있다. 화교단체는 화교·화인이 민족네트워크를 구축하고 공동체를 형성하는 추진자 역할을 담당한다. 이렇듯 화교·화인은 화교학교, 문화축제, 화교단체를 중심으로 그들만의 민족공동체를 형성하고 있으며 정체성을 확립시키고 있다.

V

일본 차이나타운의 모국 상징기제

차이나타운이란 중국 영토 외의 지역에 정착하고 있는 중국계 이주민들이 현지 거주국에서 형성한 밀집 거주 지역을 가리킨다. 흔히 "중화가(中华街)", "당인가(唐人街)"라고 불리는 차이나타운은 해외에 산재해 있는 화교·화인들이 모국에 대한 '집합적 기억'과 상징기제가 구체적으로 구현된 이주민 공간이다. 전 세계에는 런던, 뉴욕, 샌프란시스코를 비롯해 수많은 차이나타운이 조성되어 있지만, 아시아에서 규모가 가장 크고 화교·화인들의 집거지로 알려진 차이나타운은 일본 요코하마에 위치한 쥬카가이(中华街)이다.[1]

이주민으로서의 화교·화인은 일본 주류사회에 완전히 동화된 것이 아니라, 중국어와 전통문화를 계승함으로써 그들만의 문화정체성을 유지하고 있다. 화교·화인은 주로 일본의 도시 지역에 정착하고 있으며, 도쿄(東京)·요코하마(橫濱)·오사카(大阪)·고베(神戶)·나가사키(長崎) 등 도시에는 그들의 밀집 거주 지역인 차이나타운이 형성되어 있다.[2]

일반적으로 모국을 떠난 디아스포라는 현지 원주민사회의 차별에 따른 심리적 혼란과 불안정을 극복하기 위해 거주국에서 상호 네트워크로 구성된 하나의 민족집거지(ethnic enclaves)를 형성하게 된다.[3] 이러한 민족집거지에서 그들은 모국에 대한 정신적인 기억과 신화, 그리고 모국에 대한 상징과 기표를 구체적으로 구현하여 거주국 현지에서 그들만의 문화적 공간을 재영토화 한다. 따라서 백여 년의 역사를 거쳐 일본의 요코하마 쥬카가이, 고베 난킨마치, 나가사키 신치쥬카가이 차이나타운에는 모국에 대

---

1 제5장 "일본 차이나타운의 모국 상징기제"는 김혜련(2016a), "일본 요코하마 차이나타운의 모국 상징기제 연구", 『동북아문화연구』 제46집, pp.289-305을 인용함.

2 김혜련(2015a), "일본 화교·화인 현지사회 적응에서 화교학교의 역할", 『평화학연구』 제16권 4호, p.298.

3 한성미·임승빈(2009), "소수민족집단체류지역(ethnic enclaves)으로서의 옌변거리의 장소성 형성 요인 분석", 『한국조경학회지』 36권 6호 pp.82~83; 임채완 외(2014), 『코리안 디아스포라의 집단적 기억과 재영토화』, 북코리아, pp.33~34, 재인용.

한 향수를 표출하는 화교·화인의 다양한 모국적 상징기제가 조성되어 있다.

이러한 맥락에서 제5장에서는 일본 3대 차이나타운의 형성 과정과 현황을 간략하게 검토하고, 차이나타운에 조성된 화교·화인의 시각적·종교적·문화적·교육적 상징기제를 체계적으로 분석하고자 한다.

1. 일본 차이나타운의 형성

1) 요코하마 쥬카가이 차이나타운

요코하마 쥬카가이(中华街)와 고베 난킨마치(南京町), 나가사키 신치쥬카가이(新地中华街)는 일본의 3대 차이나타운으로 알려져 있다. 요코하마 차이나타운은 150여 년의 역사를 가지고 있는 화인 밀집 거주 지역으로, 다양한 중국식 건축은 물론, 요코하마화교총회(横滨华侨总会)를 비롯한 화교 협회, 3중언어교육을 병행하는 화교학교, 관제묘(关帝庙)를 비롯한 화교사원 등 화교·화인의 문화적 특성을 나타내는 상징기제가 조성되어 있다. 더불어 요코하마 쥬카가이는 연간 약 1,800만 명이 찾는 세계적인 차이나타운으로, 현재 600여 개 점포가 운영되고 있는 유명 관광지이기도 하다.

(1) 요코하마 차이나타운의 형성

중국인의 요코하마 이주는 1859년 요코하마 개항 이후 상하이, 홍콩 간의 항로가 개설되면서 본격화되었고, 중국 상인들이 정착하여 가게를 운영하고 화교단체를 구성하면서 점차 차이나타운을 형성하였다. 초기 중국계 이주민들은 일본 정부의 규정에 의해 특정 지역을 벗어날 수 없었으나, 1899년 이후 새로운 법이 제정되면서 이동이 자유로워졌다. 요코하마

사진 5.1 요코하마 쥬카가이 차이나타운

쥬카가이 차이나타운은 1923년 관동대지진, 1937년 중일 전쟁이 시작되면서 인구와 규모가 급격하게 축소하였으나, 1972년 중일수교, 대만과의 관계 증진을 계기로 일본인 사이에서 관심이 다시 증가하였고, 차이나타운 또한 예전의 활기를 되찾았다.[4]

요코하마는 1859년에 개항한 항구도시이다. 요코하마 개항 이후, 서구 상인들이 유입되자 중국계 이주민도 그들의 조력자로 일본에 이주하게 되었다. 중국계 이주민은 서구 상인과 일본인을 연결하는 중개자 역할을 담당하면서 차와 비단무역에 종사하였다. 1873년 "일청수호조약(日淸修好条約)"이 체결된 이후, 화인의 경제활동이 허용되자 요코하마에 정착하

---

4 임채완 외(2014), 『화교 디아스포라의 집단적 기억과 재영토화』, 북코리아, p.39.

사진 5.2 요코하마 쥬카가이 차이나타운 사자춤 탈 전시

던 화교들은 쥬카가이로 모여들어, 이 지역에서 밀집거주하면서 경제활동을 시작하게 되었다. 1887년 쥬카가이에는 처음으로 중국 특색이 있는 상가가 나타났으며, 그 이후에는 중화요리, 양복점, 이발소 등을 운영하면서 집거지를 형성하였다. 1972년에 요코하마쥬카가이발전협동조합(橫濱中华街发展协同组合, 협동조합으로 약칭)이 발족된 이후, 요코하마 차이나타운은 점차 체계적으로 규모를 확장해나갔다.[5] 조화롭고 질서 있는 차이나타운을 조성하기 위해 협동조합은 "쥬카가이헌장(中华街宪章)"을 제정하였다. 즉 "예의를 갖춰 사람을 대하는 차이나타운", "창의적인 차이나타운", "이익보다 정의를 추구하는 차이나타운", "안전한 차이나타운", "깨끗하고 아름다운 차이나타운", "선린우호의 차이나타운"[6] 등 헌장내용을 제정함으로써 이

---

5   王小荣(2012), "日本中华街的发展演变及其认知模式研究", 『世界建筑』2012年第7期, p.114.
6   요코하마 쥬카가이 차이나타운(橫濱中华街). http://www.chinatown.or.jp/(검색일: 2015.11.06)

주민이 주류사회 구성원과 함께 공생할 수 있는 이주민 공간을 조성하고 자 힘을 모으고 있다.

1972년 중일수교 이후, 차이나타운의 문화적 특성이 한층 더 강화되고, 조화롭고 질서 있는 차이나타운을 조성하고자 하는 협동조합의 노력 끝에 쥬카가이는 일본사회에서 관광명소로 주목받기 시작하였다. 기존에 "당인가(唐人街)"로 불리던 차이나타운은 "난킨마치(南京町)"로 이름을 변경 하였다가 1955년 선린문(善邻门)이 구축된 이후 "쥬카가이"로 불리기 시작 하였다. 오늘의 차이나타운에는 화교·화인뿐 아니라, 일본인들도 함께 공생함으로써 조화로운 다문화공간을 형성하였다. 중국 전통문화를 기반 으로 한 요코하마 차이나타운은 연간 1,800만명의 관광객이 찾는 유명 관 광지로 도쿄 디즈니랜드보다 방문객이 많다.

(2) 요코하마 차이나타운의 다문화공생

요코하마 쥬카가이 차이나타운은 도쿄 남부에 있는 요코하마 항에 위 치해 있으며, 약 150여 년의 역사를 가지고 있다. 요코하마 차이나타운 내 거주인구는 6,000여 명으로, 이 중 3,000~4,000여 명이 화교·화인이며[7], 중국 광둥 출신이 주류를 이룬다. 2010년 기준 협동조합의 통계에 따르 면, 차이나타운이 입지하고 있는 요코하마 야마시타 지역에는 요리·잡 화·선물·클리닝·구두 등 총 620개의 점포가 운영되고 있다.[8] 그 중 중 국 요리점이 226개소, 요리·잡화·공예점 119개소, 식료품점 103개소, 서비스업 89개소, 기타 음식점 83개소가 입점해있다.[9] 아시아에서 가장 큰 규모의 차이나타운으로서 요코하마 쥬카가이는 아래와 같은 특징을

---

[7] 이동현(2009), "일본의 3대 차이나타운 특징과 시사점", 『부산발전포럼』 제115호, p.38.
[8] 이동현(2009), pp.38~39.
[9] 横浜中华街发展会协同组合. http://www.chinatown.or.jp/guide/q_and_a/ (검색일: 2017.11.10)

나타내고 있다.

첫째, 요코하마 차이나타운은 화교 · 화인들이 거주국 일본에서 형성한 생활공간일 뿐만 아니라, 그들의 다양한 경제활동으로 조성된 관광명소이기도 하다. 일본 내 중화요리점이 일반화 되지 못한 시기 차이나타운의 중국 요리는 일본인 사이에서 별미로 인기를 모으게 되었으며, 이를 계기로 요코하마 차이나타운이 활성화되었다. 요코하마 차이나타운이 천만 명이 넘는 규모의 관광객을 유치할 수 있는 것은 아래와 같은 원인으로부터 비롯된다. 우선, 차이나타운 내 중국 식당은 특성 있는 메뉴를 통해 방문객들에게 특별한 서비스를 제공하고 있다. 많은 중화요리점이 한 지역에 집중되어 있음에도 불구하고 각 식당마다 독특한 메뉴와 조미료를 개발함으로써 차별화를 모색하고 있다. 예컨대 광둥 · 상하이 · 스촨(四川)요리 등 중국 지역 특성에 따라 차별화된 메뉴를 제공함으로써 관광객을 유치하고 있다. 다음, 적극적인 홍보와 중국 분위기를 조성하는 등 다양한 마케팅 전략을 활용하고 있다. 일례로 TV 방송 등을 통해 차이나타운의 요리를 소개함으로써 홍보효과를 극대화시키고 있다. 또한 중화요리 뿐만 아니라, 세계 각 국의 요리들을 제공함으로써 차이나타운에서 중화문화는 물론 이국적인 분위기를 경험할 수 있다는 인식을 부각시켰다.[10]

사례 7: 여기는 광둥출신 화교들이 많아요. 그래서 저도 광둥요리 식당을 하고 있어요. 그런데 식당이 많아지다 보니까 광둥요리가 너무 일반화 되더라구요. 그래서 다른 것을 찾다보니까 상하이요리도 들어오고, 스촨요리도 생겼어요(사례 7, 왕○젠).

사례 8: 신화교들이 들어온 이후에는 식당이나 가게들이 더 다양해졌어요. 이전에는 광둥, 푸젠 사람이 많았다면, 요즘에는 동북, 산둥, 스촨 사람들도 많아요. 그래서 식당도 보면 동북요리, 베이징요리, 스촨요리 등등이 있어 관광객들이 선택해서 먹을 수 있어요. … 가게가 점점 다양해지다 보니까 쥬카가이를 찾는

---

10 이동현(2009), pp.38~40.

관광객이 많아졌어요(사례 8, 린○이).

둘째, 민족집거지로서의 특성을 유지하기 위해 일본 정부는 화교의 거주를 보장하고 지원정책을 마련하고 있다. 쥬카가이가 아시아에서 가장 큰 차이나타운으로 성장할 수 있었던 것은 화교의 거주 권리 보장 및 장려, 적극적이고 다양한 화교 엘리트 지원 정책, 중국 전통문화 보존 및 계승 등에 기인하고 있다. 1970년대 수교 이래, 일본은 화교들이 요코하마에서 거주하는 권리를 보장함으로써 그들의 투자와 경제활동을 활성화하였으며, 중국 지식인들이 일본으로 유학하는 경우 장학금과 창업자금을 제공하고, 나아가 영주권을 부여하는 등 다양한 혜택을 통해 화교의 경제 실력을 육성시켰다.[11] 따라서 1970년대 2만 명에 불과하던 화교·화인이 72만 여명으로 증가하였다.

셋째, 요코하마 차이나타운은 보수적이고 폐쇄된 민족집거지가 아니라, 화교·화인이 주류사회 구성원과 공생하는 다문화공간으로 성장하고 있다. 요코하마 차이나타운에서 운영되고 있는 상가 중, 중국 특색이 강한 식당, 잡화, 의류 매장 등은 화교·화인이 경영하고 있는 반면, 이외의 상가는 일본인 혹은 기타 외국인이 경영하고 있다. 차이나타운이 활성화될수록 중국인 상가 뿐 아니라, 일본인이 경영하는 상가도 매출이 증가하여 지역경제 활성화 및 일자리 창출에 기여하고 있다. 차이나타운에는 일본에서 태어나고 성장한 구화교는 물론, 1972년 중일수교 이후 대규모로 유입된 신화교, 그리고 일본사회 주류 구성원인 일본인도 함께 정착하고 있다.

사례 9: 40여 년 전까지만 해도 쥬카가이에는 화교들이 많이 살았지만, 젊은 사람들이 여기를 떠나면서 일본사람, 그리고 다른 외국인도 유입되기 시작했어요.

---

11 이동현(2009), p.39.

사진 5.3 요코하마 쥬카가이 차이나타운 상가

현재 운영되고 있는 가게도 일본사람들이 하는 가게가 많아요. … 그리고 70
년대 이후에는 신화교들이 유입되면서, 현재 쥬카가이는 신화교와 구화교, 그
리고 일본인들이 공존하는 다문화공생지역이 되었어요(사례 9, 천○시).

연구자: 화교들이 운영하는 가게 외에 일본사람들이 운영하는 가게도 있나요? 화교
와의 관계는 어떠세요?

사례 7: 많아요. 악세사리, 기념품 가게, 일식 레스토랑, 커피숍 등등 차이나타운에
도 일본 가게들이 많아요. 워낙 관광객이 많이 오니까 일본사람도 여기에 입점
많이 해요. … 관계도 괜찮아요. 날마다 보는 사람들이니까요. (웃음) … 중국말
에 화목해야 재산이 는다(和气生财)라는 말이 있잖아요. … (사례 7, 왕○젠).

2) 고베 난킨마치 차이나타운

일본 고베 난킨마치 차이나타운도 오랜 역사를 가지고 있다. 1868년
고베 개항 이후 중국계 이주민이 중국의 식자재를 가지고 일본으로 유입
해 난킨시장(南京市场)을 형성하기 시작하였는데, 이것이 오늘날 난킨마치
의 전신(前身)이다.[12] 현재 난킨마치 차이나타운은 고베시의 중심가인 산노

---

12 인민일보해외판 2010년 2월 5일 보도, "日本神户的南京町", http://paper.people.com.cn/
rmrbhwb/html/2010‑02/05/content_444133.htm(검색일: 2017.04.18)

미야(三宮)에서 서쪽 방향으로 800미터, 북쪽으로 모토마치(元町) 상점가, 동쪽과 남쪽으로 구 거류지 일대를 중심으로 자리 잡고 있다.[13] 고베 난킨마치 차이나타운에는 중국음식점, 중국잡화가게를 비롯한 상점가가 조성되어있을 뿐만 아니라, 네트워크 핵심 축 역할을 담당하는 화교협회, 민족교육의 장 화교학교, 모국으로의 향수를 표출하는 관제묘, 화교의 역사를 이어가는 화교역사박물관 등을 중심으로 구성된 민족집거지가 형성되어 있다.[14]

사진 5.4 고베 난킨마치 차이나타운

(1) 화교 · 화인의 고베 이주[15]

화교 · 화인에게 있어서 고베는 아주 특별한 역사적 의미를 가지고 있다. 고베에는 화교 · 화인의 민족집거지가 조성되었을 뿐만 아니라, 역사적으로 혁명의 근거지이기도 하다. 1895년부터 1924년까지 순중산(孫中山)은 일본에 체류하고 있는 동안 18차례나 고베를 방문하였는데, 1924년

---

13 이동현(2009), "일본의 3대 차이나타운 특징과 시사점", 『부산발전포럼』115호, 부산발전연구원, p.40.
14 김혜련 · 리단(2017), "일본 화교 · 화인 민족집거지의 형성과 화교단체의 역할: 고베 난킨마치(南京町) 차이나타운을 중심으로", 『동북아문화연구』 제51집, p.34.
15 김혜련 · 리단(2017), pp.38-39.

에는 고베에서 "대아시아주의(大亞洲主义)" 연설을 하여 중국 나아가 세계에 큰 영향을 미쳤다. 현재 고베에는 일본에서 유일한 순원기념관이 설립되어 있다. 따라서 고베는 중국, 나아가 일본 화교·화인 이주사에서 중요한 역사적 의미가 있는 도시이기도 하다.

중국계 이주민이 고베에 진출한 시기는 에도말기이며[16], 특히 1868년 개항 이후 점차 많은 중국인이 고베에 유입되기 시작하였다. 최초로 고베에 유입되어 정착한 중국계 이주민은 나가사키로부터 넘어 온 십여 명의 중국인이다.[17] 관련 기록에 의하면, 1869년에 이르러 고베에는 500여 명의 중국계 이주민이 정착하고 있었다.[18] 그들은 대부분 중국 푸젠, 광둥, 저장, 쟝수, 쟝시 출신의 중국 상인이며, 초기에는 유럽 상인과 협력하여 경제 활동을 이어갔지만, 점차 독자적으로 가게를 운영하는 상인이 늘어났다.

고베의 경제무역 활동이 점차 활발해지자 중국계 이주민이 외국인거주지 서쪽에 위치한 난킨마치 지역에 밀집 거주하기 시작하였다. 1874년 고베에 정착한 중국계 이주민은 650명에 이르렀으며, 1893년에는 1,060명에 달했다.[19] 그들은 고베에 정착하면서 일상생활에서 필요한 병원, 묘지를 건설하기 시작하였으며, 출신지를 중심으로 동향회 방(帮)을 구성하였다. 동향회를 중심으로 한 화교·화인의 네트워크가 활발해짐에 따라 고베로 유입된 화교·화인의 규모는 점차 확대되어 1920~1930년대에는 6,200여 명에 이르렀다.[20] 난킨마치는 고베 화교·화인사회의 발원지라고 말할 수 있다.

---

16 이동현(2009), p.40.

17 张玉玲(2008), 『华侨文化の創出とアイデンティティ』, ユニテ, p.26.

18 蒋海波(2007), "旅日华商团体的早期历史及其法律地位: 以神户三江商业会为例的考察", 『华侨华人历史研究』 2007年第4期, 中国华侨华人历史研究所, pp.39~40.

19 张玉玲(2008), p.26.

20 郭玉聪(2005), "日本华侨华人二·三代的民族认同管: 以神户的台湾籍华侨华人为例", 『世界民族』 2005年第2期, 厦门大学东南亚研究中心, p.41.

사진 5.5 고베 난킨마치 차이나타운 와용전(臥龍殿)

    요코하마와 나가사키 차이나타운이 일본에서 쥬카가이(中华街)로 불리는 것과 달리, 고베 차이나타운은 유일하게 중국 도시 난징(南京)을 연상하게 하는 난킨마치(南京町)로 불린다. 그 이유는 명나라시기 중국에서 일본으로 유입된 물품이 큰 사랑을 받았는데, 당시 난징은 중국에서도 유명한 도시일 뿐만 아니라, 일본으로 수입된 물품이 대부분 난징에서 유입되었다. 따라서 일본사람들은 중국산 물품을 난징물품(南京物)으로 불렀고, 중국사람을 난징사람(南京人)이라고 부르기도 하였다. 이것이 고베 난킨마치 이름의 유래이다.[21]

---

21 인민일보해외판 2010년 2월 5일 보도, "日本神户的南京町", http://paper.people.com.cn/ rmrbhwb/html/2010‒02/05/content_444133.htm(검색일: 2017.04.18)

(2) 고베 난킨마치 차이나타운의 조성[22]

오랜 역사를 가지고 있는 난킨마치는 제2차 세계대전 당시 거의 파괴되었으나, 1975년 주변 일대가 구획 정리되면서 변모되기 시작하였다. 또한 중일 국교 정상화 이후 정치적 분쟁에서 벗어난 화교 · 화인은 적극적으로 난킨마치를 복구하기 시작하였다. 40여 년의 발전 끝에 난킨마치는 고베 차이나타운의 가장 대표적인 지역적 상징으로 부상했으며, 일본인과 외국인 관광객이 찾는 유명한 관광지로 주목받고 있다.

난킨마치는 모토마치도리와 사카에마치도리 사이에 위치해 있는데, 남북으로는 약 110미터, 동서로는 약 270미터이다. 난킨마치의 규모는 36,000㎥에 이르며, 688명이 거주하고 있다.[23] 현재 난킨마치에는 총 87개의 가게가 입점 되어 있다. 그 중 음식점이 32개, 다과 및 식자재 가게가 33개, 취미 및 잡화 가게 7개, 기타 가게가 15개이다.[24] 난킨마치에는 중국 음식점, 중국 식자재 가게가 큰 비중을 차지하지만, 양식 · 일본요리 등 가게도 운영되고 있어 다양한 문화가 어우러진 공간으로 발전하였다.

난킨마치에는 중국풍 건축, 중국 음식점이 있을 뿐만 아니라, 중국 특색의 전통 문화를 경험할 수 있는 축제가 정기적으로 개최되고 있다. 난킨마치는 1987년부터 해마다 중국 전통 명절을 기념하는 춘절축제(春节祭), 중추절축제(中秋祭)를 개최하고 있다. 축제기간에는 중국식 등롱(灯笼)으로 거리를 장식해 명절 분위기를 조성하고 있으며, 용춤(舞龙) · 사자춤(舞狮) 등 중국식 놀이문화를 선보여 모국에 대한 향수를 표출하고 있다. 난킨마치는 일본 화교 · 화인의 경제활동 중심지인 동시에 그들의 전통문화를 현지에 재현한 이주민 공간이다. 고베 화교 · 화인에게 있어서 난킨마치는

22　김혜련 · 리단(2017), p.39.

23　이동현(2009), p.40.

24　南京町, http://www.nankinmachi.or.jp/(검색일: 2017.04.20)

사진 5.6 고베 난킨마치 차이나타운 상가

고향에 대한 그리움과 향수를 표출할 수 있는 제2의 고향이다.

3) 나가사키 신치쥬카가이 차이나타운

나가사키 신치쥬카가이는 일본 나가사키현 나가사키시에 위치해 있다. 메이지유신 이후, 중국계 이주민은 중국으로부터 수입한 무역품을 보관하기 위해 바다를 매립해서 만든 지역으로 이주하게 되었는데, 이곳에 밀집 거주하는 중국계 이주민이 증가하면서 점차 차이나타운이 형성되었다.[25] 신치(新地)는 일본에서 바다를 매립해서 만든 지역을 의미하는 용어로, 신치쥬카가이라는 이름도 여기서 유래되었다.

신치쥬카가이는 동서남북으로 250m 정도의 십자로로 구성되었으며, 중화요리점·중국잡화를 포함한 40개의 점포가 입점해있다.[26] 신치쥬카가이는 나가사키 짬뽕의 발원지라는 것을 브랜드화하여 관광객을 유치하고 있다. 또한 해마다 중국 전통명절인 춘절기간에 15일간 개최하는 등롱

---

25   이동현(2009), p.42.

26   이동현(2009), p.42.

사진 5.7 나가사키 신치쥬카가이 차이나타운

출처: https://baike.baidu.com/item/%E9%95%BF%E5%B4%8E%E6%96%B0%E5%9C%B0%E4%B8%AD%E5%8D%8E%E8%A1%97/9936483(검색일: 2017.07.28.)

사진 5.8 나가사키 신치쥬카가이 차이나타운 등롱축제

출처: http://nagasaki-tabinet.com.tw/news-content.aspx?News_id=7(검색일: 2017.07.28)

(灯笼)축제를 통해 관광객 유치를 성공적으로 추진하고 있다.

등롱축제 기간에는 다양한 등롱을 볼 수 있을 뿐만 아니라, 중국 서커스 공연, 사자춤, 용춤, 전통 악기 연주, 황제행렬 재현 등 다양한 행사가 추진되어 수많은 관광객이 몰려든다. 2007년에는 약 92만 명의 관광객이 신치쥬카가이를 찾았으며, 그 중 나가사키시 이외의 방문객이 66.1%를 차지한 것으로 집계되었다. 신치쥬카가이 등롱축제의 경제적 파급효과는 90억엔으로 추정되고 있으며, 요코하마와 고베에도 확산되었다.[27]

2. 시각적 상징기제: 파이러우(牌楼)

100여 년의 역사를 거쳐 형성된 요코하마 쥬카가이, 고베 난킨마치, 나가사키 신치쥬카가이 차이나타운에는 모국에 대한 향수(nostalgia)를 표출하는 화교·화인의 다양한 모국적 상징기제가 조성되어 있다. 이 책에서는 요코하마 쥬카가이와 고베 난킨마치를 직접 방문하여 차이나타운에 조성된 시각적·종교적·문화적·교육적 모국 상징기제를 분석하였다.

일본의 차이나타운에는 중국 특징을 나타내는 파이러우(牌楼), 용 혹은 판다(熊猫)가 새겨진 중국식 건축을 쉽게 찾아볼 수 있다. 화교·화인은 이러한 민족적 특징이 나타나는 중국식 건축물을 구축함으로써 모국에 대한 기억을 상징화하고 있다.

1) 요코하마 쥬카가이 차이나타운의 파이러우

파이러우는 중국전통 건축문화를 대표하는 건축으로, 주나라(周朝)부터

---

27   이동현(2009), p.42.

사진 5.9 요코하마 쥬카가이 선린문

형성되어 지금까지 수천 년의 역사를 이어오고 있다. 파이러우는 중국의 건축예술인 동시에 문화 컨텐츠이기도 하다. 중국 국내에서 파이러우가 가장 많은 도시는 베이징(北京)이며, 총 65개의 파이러우가 건축되어 있다.

요코하마 차이나타운에는 10개의 파이러우가 세워져 있으며, 파이러우마다 특별한 의미가 부여되었다. 일본 언론에서 자주 등장하는 선린문(善邻门) 외에도 9개의 파이러우가 선후로 구축되었는데, 그중에서도 차이나타운 동서남북에 세워진 조양문(朝阳门), 주작문(朱雀门), 연평문(延平门), 현무문(玄武门)이 쥬카가이를 지키는 수호신으로 불리면서 더욱 특별한 의미가 있다.

선린문은 요코하마 쥬카가이의 상징적 존재 중의 하나이다. 1955년에 처음으로 건축되어 그 당시에는 "파이러우문(牌楼门)"이라고 불렸다.

사진 5.10 요코하마 쥬카가이 조양문　　**사진 5.11** 요코하마 쥬카가이 주작문

1989년에 현재의 모습으로 리뉴얼되었으며, "친인선린(亲仁善邻)"이라는 글자가 새겨져 이웃과 사이좋게 지내자라는 의미가 내포되어 있다. 선린 문의 반대편에는 "중화가(中华街)"라는 글자가 새겨져 있다.

　요코하마 쥬카가이의 동서남북에는 각각 조양문, 주작문, 연평문, 현무문이 건축되어 있다. 그 중 조양문은 아침 햇살을 맞이하는 문으로, 쥬카가이의 번영을 기원하는 파이러우이다. 조양문은 야마시타 공원 쪽에 위치해 있으며, 수호신은 청룡신으로 청색으로 칠해졌다. 조양문은 2003년에 준공되었고, 높이가 13.5미터, 폭이 12미터에 이르러 차이나타운에서 가장 큰 파이러우이다.

　모토마치(元町)에 위치해 있는 주작문은 액운을 물리치고 좋은 기운을 기원하는 파이러우이다. 수호신이 주작신(朱雀神)이기에 주작문도 빨간 색으로 건축되어 있다. 그리고 연평문은 평화와 평안을 기원하는 문으로, 백호신(白虎神)이 수호신인 만큼 흰색으로 건축되었다. 현무문은 자손의 번영을 기원하는 파이러우이며, 현무신(玄武神)이 수호신이다. 현무문은 검정색

사진 5.12 요코하마 쥬카가이 천장문　　　　**사진 5.13** 요코하마 쥬카가이 지구문

으로 칠해졌다.

서양문(西阳门), 천장문(天长门), 지구문(地久门) 등은 중국 고대 풍수학에 따라 세워진 차이나타운의 조화와 안전을 기원하는 파이러우이다. 서양문은 차이나타운의 가장 서쪽에 위치해 있어 서쪽 태양과 가장 가까운 곳이라는 의미가 내포되어 서양문이라고 불린다. 천장문과 지구문은 요코하마 관제묘가 있는 거리에 위치해 있으며, 동쪽이 천장문, 서쪽이 지구문이다.

파이러우를 비롯한 요코하마 차이나타운 건축은 대부분 빨간색, 노란색, 초록색으로 조합된 화려한 건축물이며, 용·판다 등 중국을 대표하는 문화적 상징이 새겨져 있다. 이는 화교·화인이 시각적 상징기제를 통해 그들만의 문화적 특징을 나타내고 있으며, 모국과의 연계를 유지하고 있다는 것을 설명한다.

사례 1: 쥬카가이에서 제일 큰 파이러우는 아마 조양문일 거예요. 높이가 13미터 넘는다고 해요. ⋯ 차이나타운에 오면 파이러우나 중국식 건축이 눈에 들어오죠. 들어오면 아~ 차이나타운이구나 하는 느낌이에요. ⋯ 특별한 원인이라기

보다 화교들이 사는 곳이니까 간판이나 건축이 화교 특색을 살리는 것이 당연
하죠(사례 1, 장〇워이).

사례 2: 여기에 있는 파이러우는 모양이나 색상이 다 달라요. 중국 전통 풍수사상에
따라 만들어진 건축인데, 재난을 피하고 행운을 가져다준다고 해요. … 이런
건축을 보면 자랑스럽기도 해요 … (웃음) … 고향 생각도 나구요(사례 2, 류〇).

인터뷰에서도 나타나듯이, 요코하마 차이나타운 곳곳에 구축된 중국
식 건축과 파이러우는 모국에 대한 화교 · 화인의 향수(nostalgia), 모국과의
연대 및 결속이 상징적인 의미로 표출되고 있다.

2) 고베 난킨마치 차이나타운의 파이러우

난킨마치에는 중국적 특색을 나타내는 파이러우(牌楼), 사자상, 중국풍
전화박스 등이 조성되어 있다. 난킨마치는 중앙광장을 기준으로 십자 모
양으로 되어 있는데, 동쪽에는 장안문(长安门), 서쪽에는 서안문(西安门), 남
쪽에는 해용문(海龙门)이 구축되어 있다.

난킨마치의 파이러우 중에 해용문이 1982년에 준공되어 가장 오랜 역
사를 가지고 있으며, 장안문이 1985년, 서안문이 2005년에 준공되었다. 파
이러우는 난킨마치를 상징하는 대표적 중국식 건축이다. 파이러우는 난킨
마치 동서남쪽의 입구를 의미하는데, 북쪽은 파이러우가 따로 조성되어 있
지 않고 모토마치 상점가 모토마치도 리쇼텐가이와 연결되어 있다.

사진 5.14 고베 난킨마치 해용문

사진 5.15 고베 난킨마치 장안문

사진 5.16 고베 난킨마치 서안문

3. 종교적 상징기제: 화교사원

일본 차이나타운의 또 다른 상징기제는 바로 화교·화인의 종교적 특징을 나타내는 관제묘(关帝庙)와 마조묘(妈祖庙)이다. 관제묘는 삼국시대 촉나라 장군 관우(关羽)를 기념하기 위한 사원으로, 중국 전통 문화사상에서 충의(忠义)와 용무(勇武)를 상징한다. 마조(妈祖)는 중국 연해지역에서 전승된 민간신앙으로, 마조묘는 화인들이 바다로 나간 상인이나 어민의 안전을 빌기 위해 찾아가는 사원이다.

1) 요코하마 쥬카가이의 관제묘와 마조묘

화교사원은 화교·화인이 모국에 대한 신화를 간직하고, 모국 관련 상징과 기표를 생활터전에 구현하는 가장 대표적인 형식 중의 하나이다. 관제묘는 요코하마가 개항되고 중국계 이주민이 유입한 이후, 1871년

사진 5.17 요코하마 관제묘

사진 5.18 요코하마 마조묘

부터 화교들의 모금에 의해 본격적으로 구축되기 시작하였다. 관제묘에는 관제성군, 옥상황제, 관음보살 등을 모시고 있다. 관제묘는 1886년 수선 , 1891년 확장을 거쳐 오늘의 모습을 형성하였다. 관제묘에는 해마다 다양한 축제를 개최하는데 음력 5월 13일 관제 탄생을 기념하는 관제탄(关帝诞)이 가장 큰 행사이다.[28]

일본은 중국 마조문화가 가장 일찍 전파된 국가 중의 하나로서, 현재까지 약 600년의 역사를 가지고 있다. 일본에서 가장 큰 마조묘는 요코하마 차이나타운에 위치해 있다. 요코하마 마조묘는 화교단체가 자발적으로 모금해 구축한 화교 사원으로, 2015년 3월 10억엔을 모금하여 구축하기 시작하였으며, 2006년 3월에 준공하였다.[29]

---

28   横滨关帝庙. http://www.yokohama-kanteibyo.com/(검색일: 2017.11.13)

29   横滨妈祖庙. http://www.yokohama-masobyo.jp/jp/main.html(검색일: 2015.11.13)

사진 5.19 요코하마 마조묘 내부사진

사례 3: 관제묘나 마조묘에 자주 가죠. 특히 관제묘는 어렸을 때부터 부모님 따라서
다녔어요. 관제탄(关帝诞)일 때에는 행사도 많이 해요. … 기존에는 화교들이
찾아가는 사원이었어요. 지금은 관광지가 되어서 외국인도 많이 와요. … 화교
가 있는 곳에는 반드시 사원이 있어요. 화교들이 고향을 그리고 가족들의 안전
을 기원하는 중요한 곳이죠(사례 3, 스O펑).

관제묘와 마조묘를 비롯한 화교사원은 화교·화인의 종교적 특성을
나타내는 모국 상징기제이다. 화교사원은 일본뿐만 아니라, 화교·화인들
이 정착하고 있는 동남아 지역에도 널리 분포되어 있다. 화교사원은 고향
을 떠난 화교·화인들이 모국에 대한 그리움과 향수를 달래는 정식적 안
식처이다.

2) 고베 난킨마치의 관제묘[30]

난킨마치 관제묘는 고베 개항 이후 중국계 이주민과 역사를 함께한 종
교신앙의 장이다. 난킨마치 최초의 관제묘는 1877년 당시 화교 리더 맥소

---

30 김혜련·리단(2017), p.45.

사진 5.20 고베 관제묘

사진 5.21 고베 관제묘 내부사진

붕(麦少鵬)의 주도 하에 설립되었다. 관제묘는 1945년의 전쟁과 1977년 화재, 1995년 지진으로 인해 여러 차례 파괴되었다가 고베중화회관에 의해 재건되었다.[31] 현재 관제묘는 재단법인 중화회관에서 운영 관리하고 있다.

관제묘는 현지 화교·화인들이 모국에 대한 향수를 표출하고, 고향에 대한 상징과 기표를 생활터전에 구현한 정착기제 중의 하나이다.[32] 고베 관제묘에는 중국 전통 문화사상에서 충성과 의리를 상징하는 관우(关羽)를 모시고 있을 뿐만 아니라, 관음보살 및 중국 전통 민간신앙인 마조(妈祖)도 함께 모시고 있다. 매년 음력 5월 13일의 "관제축제(关帝祭)"와 3월 19일, 6월 19일, 9월 19일 "관음축제(观音祭)", 3월 23일의 "마조축제(妈祖祭)" 때마다 화교·화인들은 관제묘를 찾아 다양한 종교 활동을 진행한다.

4. 문화적 상징기제: 화교축제

1) 축제에 대한 화교·화인의 인식

민속문화는 기층민의 보편적 문화를 바탕으로 한 가장 원초적이며 폭넓은 기반을 갖춘 민족단위의 전승문화이다. 민속문화 중에서도 강한 지역 유대감을 바탕으로 형성하고 발전되어 온 전통 문화 축제는 종교 축제에 버금가는 생명력을 가지고 있다.[33] 민족이산자들에게 축제는 탈영토화된 디아스포라 위치에서 갖는 모국에 대한 향수의 표출이며, 거주국의 문화적 경계를 타파하고 함께 어울리는 공동체적 유희의 형태가 주를 이룬

---

31 郭玉聪(2005), p.42.

32 김혜련(2016a), p.299.

33 김병인(2004), 『역사의 지역축제적 재해석』, 민속원, p.42; 지충남(2013), "재일동포와 원코리아페스티벌", 『OUGHTOPIA』 28권 1호, p.149 재인용.

사진 5.22 요코하마 차이나타운 사자춤(舞獅)
출처: http://blog.sina.com.cn/s/blog_61815b3d0102xs50.html(검색일: 2017.08.14)

다.[34] 낯선 땅의 경계를 넘어 정착하면서 고달프게 살아온 이들에게 민속과 축제는 상상력과 생명력을 지닌 놀이문화로서 재생되는 것이다. 이러한 놀이문화는 전통적으로 전승되어 온 축제적, 민속적 놀이를 비롯한 경기, 오락, 곡예 등을 포괄하는 개념으로서 민중적 예술성을 바탕에 지니고 있다. 디아스포라에게 축제는 공동체를 상징적 · 문화적으로 재현해 내는 하나의 장치였다.

　일본 차이나타운에는 춘절축제, 중추절축제를 비롯한 다양한 축제가 개최되고 있다. 화교축제에 대한 일본 화교 · 화인의 인식을 조사하기 위해 설문조사를 진행하였다. 분석결과 〈표 5.1〉에서 나타나듯이, '나는 화교 · 화인의 축제가 화교 · 화인의 이미지를 높여준다고 생각한다'라는 질문항목의 평균값이 3.00보다 높은 3.60으로 나타났고, '화교 · 화인의 축제가 화교 · 화인의 자긍심을 높여준다고 생각한다'라는 질문항목의 평균

34　지충남(2013), p.149.

표 5.1 축제에 대한 화교·화인의 인식

질문항목	평균	표준 편차	빈도
나는 화교·화인의 축제가 화교·화인의 이미지를 높여준다고 생각한다.	3.60	1.065	113
나는 화교·화인의 축제가 화교·화인의 자긍심을 높여준다고 생각한다.	3.83	.812	113
나는 화교·화인의 축제가 다른 화교·화인들과 친근감을 맺게 해준다고 생각한다.	3.96	.806	113
나는 화교·화인의 축제가 민족문화를 유지, 계승하는 데 도움이 된다고 생각한다.	4.05	.811	113
나는 화교·화인의 축제가 일본인들과 관계를 개선시키는 데 도움이 된다고 생각한다.	3.80	.792	113
나는 화교·화인의 축제가 화교·화인에 대한 차별 인식을 해소하는 데 도움이 된다고 생각한다.	3.61	.870	113
나는 화교·화인의 축제가 중국과 일본 간의 관계를 개선시키는 데 도움이 된다고 생각한다.	3.77	.779	113
나는 화교·화인의 축제가 중국의 이미지를 높여준다고 생각한다.	3.79	.850	113
나는 화교·화인의 축제가 중국의 제품 이미지를 높여준다고 생각한다.	3.25	.959	113
나는 화교·화인의 축제가 지역의 경제 발전에 도움이 된다고 생각한다.	3.81	.800	113

값이 3.83으로 나타났다. 또한 '화교·화인의 축제가 다른 화교·화인들과 친근감을 맺게 해준다고 생각한다'라는 질문항목의 평균값이 3.96으로 나타났고, '화교·화인의 축제가 민족문화를 유지, 계승하는데 도움이 된다고 생각한다'라는 질문항목의 평균값이 4.05로 높게 나타났다. 이어서 '화교·화인의 축제가 일본인들과 관계를 개선시키는데 도움이 된다고 생각한다'라는 질문항목의 평균값은 3.80, '화교·화인의 축제가 화교·화인에 대한 차별 인식을 해소하는 데 도움이 된다고 생각한다'라는 질문항목의 평균값이 3.61, '화교·화인의 축제가 중국과 일본 간의 관계를 개

사진 5.23 요코하마 차이나타운 용춤(舞龙)

출처: http://blog.sina.com.cn/s/blog_61815b3d0102xs50.html(검색일: 2017.08.14)

선시키는데 도움이 된다고 생각한다'라는 질문항목의 평균값이 3.77로 나타났다. 마지막으로 '화교·화인의 축제가 중국의 이미지를 높여준다고 생각한다'라는 질문항목의 평균값이 3.79로 나타났고, '화교·화인의 축제가 중국의 제품 이미지를 높여준다고 생각한다'라는 질문항목의 평균값이 3.25로 나타났으며, '화교·화인의 축제가 지역의 경제 발전에 도움이 된다고 생각한다'라는 질문항목의 평균값이 3.81로 나타났다.

　　이러한 설문조사 결과는 일본 화교·화인이 차이나타운의 화교축제를 긍정적으로 인식 평가하고 있다는 것을 설명한다. 그들은 차이나타운의 축제가 화교·화인의 이미지와 자긍심을 향상시킬 수 있다고 인식하고 있고, 화교·화인 사이의 친근감을 맺어주는 동시에 민족문화를 유지 계승하는데 적극적인 역할을 행사한다고 평가한다. 또한 일본인이 함께 참여하는 화교축제는 현지인과의 관계를 개선하고, 화교·화인에 대한 차별 인식을 해소하며, 나아가 중국과 일본 양국의 관계 개선에도 도움이 된다고 평가하고 있다. 마지막으로 화교축제는 중국, 중국제품에 대한 이미지를 향상시켜 지역 경제 발전에도 긍정적인 영향력을 미친다고 판단하고 있다.

2) 요코하마 쥬카가이 차이나타운의 화교축제

일본 차이나타운에는 고향에 대한 향수를 표출하는 축제문화가 형성되어 있다. 일본 특히 차이나타운에 정착하고 있는 화교·화인은 능숙하게 중국어를 구사하고 있을 뿐만 아니라, 모국을 향한 민족정체성을 유지하고 있으며, 그들만의 공동체를 구축하고 있다. 그들이 이러한 민족공동체를 형성할 수 있는 원인 중의 하나가 바로 사자춤(舞狮), 전통무용, 명절축제 등을 비롯한 문화적 상징기제를 구축하였기 때문이다.

요코하마 차이나타운에는 관제탄(关帝诞), 마조탄(妈祖诞), 미식축제(美食节), 국경절(国庆节) 등 다양한 축제가 개최되는데 그 중에서 가장 큰 규모의 축제는 여전히 중국 전통명절인 중추절(中秋)과 춘절(春节) 때 정기적으로 개최하는 축제이다. 차이나타운 축제에는 중국 전통 음식은 물론, 사자춤·용춤(舞龙)·전통무용을 선보여 그들만의 정체성을 강화하는 동시에 일본사회에 중국 문화를 홍보하기도 한다.

> 사례 6: 쥬카가이에는 축제가 많아요. 중추절, 춘절, 국경절 큰 명절 때마다 축제를 하는데 그때 되면 사자춤도 추고 전통무용도 공연으로 보여줘요. 사자춤은 화교학교 출신 학생이나 졸업생들이 많이 참여해요. 화교학교에서 사자춤을 배우니까요. … 저는 축제가 좋다고 생각해요. 전통문화도 지킬 수 있고, 관광객도 유치할 수 있어서요(사례 6, 쟝O).

> 사례 2: 요코하마는 축제로 유명하기도 합니다. 축제 때마다 여러 가지 행사를 해 관광객이 많이 찾아오죠. 사자춤, 용춤, 서커스(杂技) 등등 볼거리도 많고, 전통음식도 많아서 관광객들이 좋아해요(사례2, 류O)

사진 5.24 요코하마 차이나타운 춘절축제(春节祭)
출처: http://photo.gmw.cn/2017-01/29/content_23601212_4.htm(검색일: 2017.08.14)

요코하마 차이나타운에서 가장 대표적인 축제는 바로 음력 구정에 진행되는 춘절축제(春节祭)이다. 약 2주간 진행되는 춘절축제에는 사자춤, 용춤, 전통무용, 전통서커스, 등롱축제, 포토전시회 등 다양한 행사가 진행된다. 민속문화 특색이 농후한 이러한 행사는 모국에 대한 화교·화인의 향수를 표출하는 동시에 모국과의 연대를 강화하는 역할을 수행하기도 한다.

3) 고베 난킨마치 차이나타운의 화교축제

요코하마 쥬카가이와 마찬가지로 고베 난킨마치 차이나타운에도 해마다 다양한 화교축제가 개최된다. 난킨마치에서 개최되는 춘절, 중추절축제는 난킨마치상점가진흥조합(南京町商店街振兴组合)에서 기획하고 주최한다.

난킨마치상점가진흥조합은 1986년 회원들의 친목을 도모하고, 난킨마치를 홍보하여 인지도를 제고하며, 입점한 상가의 영업이익을 확대하기 위해 춘절축제를 기획하기 시작하였다. 따라서 1987년 1월 29일부터 2

사진 5.25 고베 난킨마치 차이나타운 춘절축제(春节祭): 용춤
출처: http://news.cjn.cn/gj/201003/t1083835.htm(검색일: 2017.08.14)

월 1일까지 4일간에 거쳐 제1회 춘절축제가 개최되었다. 제1회 춘절축제
는 29만 명에 이르는 관광객이 방문해, 성공적으로 개최되었다. 축제에는
진흥조합 소속 청년들의 용춤, 고베화교총회의 사자춤, 고베중화동문학
교 학생들의 무용 등이 인기를 끌었으며, 현지에서 폭발적인 반응을 일으
켰다.[35]

> 사례 10: 난킨마치 축제가 유명해요. 역사도 오래 됐어요. 사자춤, 용춤 추는 팀들
> 도 유명해서 요코하마나 나가사키에 가서 공연하기도 해요. … 우리한데는 이
> 득이죠. 축제를 하니까 난킨마치 홍보도 되고, 관광객이 많이 와서 장사도 잘
> 돼요. 우리한데 축제는 필요해요(사례 10, 리ㅇ리)

제1회 춘절축제가 성공적으로 개최된 이후, 소화천황이 서거한 1989

---

35 이정희(2014), "일본의 차이나타운 연구: 고베 난킨마치를 중심으로", 『中央史學』 제40권,
pp.306-307.

사진 5.26 고베 난킨마치 차이나타운 춘절축제 페레이드 행사(中国史人游行)
출처: http://www.kobegakuin.ac.jp/chinese/media/media21.html(검색일: 2017.08.14)

년과 고베대지진이 일어난 1995년을 제외하고, 춘절축제는 해매다 정기
적으로 개최되었다. 또한 춘절축제 외에도 중추축제, 국경축제, 관제축제
등 다양한 축제가 개최되기 시작하였다. 춘절축제는 음력 1월 1일 춘절에
해당하는 날을 중심으로 3~4일간 개최하는 것이 원칙이지만, 7~8일간
개최한 적도 있다. 축제 기간 난킨마치를 방문하는 관광객은 평균 30~40
만 명에 이른다. 1997년 고베시는 난킨마치 춘절축제를 지역무형민속문
화재로 지정하였다.[36]

춘절축제를 비롯한 고베 난킨마치의 화교축제에는 다양한 프로그램
이 있다. 사자춤, 용춤은 물론, 중국 경극(京剧)에 나오는 캐릭터 의상과 메
이크업을 하거나 삼국지의 영웅과 양귀비로 분장하여 난킨마치 주변 거리
를 퍼레이드하는 행사(中国史人游行)도 개최되고 있다. 또한 중국 전통무용
이나 전통악기 연주, 전통음식 전시 등도 진행되고 있다.

---

36 이정희(2014), p.307.

5. 교육적 상징기제: 화교학교[37]

일본의 화교학교는 전 세계 화교사회에서 가장 오랜 역사를 자랑하고 있다. 그것은 중국계 이주민의 근대 이주역사에서 최초의 화교학교가 일본에서 설립되었기 때문이다. 19세기 말 재일(在日) 중국인이 증가하자 교육열이 높은 화교·화인은 중국어와 중국 전통문화를 가르칠 수 있는 민족학교 설립에 힘을 모았다. 따라서 순중산(孫中山), 캉유워이(康有为), 량치차오(梁启超) 등의 주도 하에, 1898년 일본 요코하마에서 최초의 화교학교 대동학교(大同学校)가 설립되었다.[38] 대동학교 설립이후 도쿄, 고베, 교토, 나가사키, 홋카이도 등 지역에도 선후로 9개의 화교학교가 설립되었지만, 지진·전쟁 등 이유로 일부 학교가 폐쇄되어 현재 일본에는 도쿄중화학교(东京中华学校), 요코하마중화학원(横滨中华学院), 요코하마야마테중화학교(横滨山手中华学校), 오사카중화학교(大阪中华学校), 고베중화동문학교(神户中华同文学校) 총 5개 화교학교가 운영되고 있다.

일본 화교·화인의 주요한 교육시설로 자리매김한 화교학교는 일본 화교사회의 통합과 안정적 발전에 긍정적 요인으로 작용하고 있으며, 또한·중·일 문화교류에도 큰 영향을 미치고 있다. 특히 다문화공생이 일본사회의 새로운 이슈로 등장하자, 화교학교의 3중언어교육과 중·일 문화 교육을 병행하는 운영방식은 화교사회의 융합은 물론, 일본사회의 다문화공생을 추진하는 촉매역할을 수행하고 있다. 화교학교는 중국어 및 전통문화 교육을 통해 화교사회를 유지하고 발전시키는 버팀목일 뿐만 아니라, 일본 화교사회와 중국을 연결하는 연결고리이며, 더불어 화교·화

---

37 김혜련(2015a), "일본 화교·화인 현지사회 적응에서 화교학교의 역할", 『평화학연구』 제16권 4호, pp.297-317.

38 鞠玉华, "对当前日本华侨学校发展状况的思考", 『暨南大学华文学院学报』2008年第1期(2008), p.8.

인이 거주국에서 모국을 체화시키는 상징기제이기도 하다.

다문화시대 일본 화교사회의 새로운 움직임과 특징을 파악하고, 화교·화인의 거주국 정착실태, 나아가 그들의 다중정체성과 초국가성을 연구함에 있어서 화교학교는 간과해서는 안 되는 중요한 요인 중의 하나이다.

이러한 맥락에서 이 책에서는 현지조사와 심층면접을 통해 일본 화교학교의 운영 실태와 특징을 체계적으로 살펴보고, 나아가 이러한 특징을 기반으로 한 화교학교의 역할을 구체적으로 분석하고자 한다.

화교·화인은 중국과 일본에 '끼어있는' 이주민 집단으로서 현지화를 통해 적극적으로 일본 주류사회에 진출하려는 동시에 민족언어를 습득하고 전통문화를 계승함으로써 모국과의 연대를 유지하려는 이중적 입장을 나타내게 된다. 화교·화인의 이러한 현지적응 과정에서 화교학교는 민족교육의 장으로서 중요한 역할을 담당하고 있다. 이 책에서는 화교학교의 운영 실태와 특징을 구체적으로 분석함으로써 화교학교가 화교사회에 어떤 영향을 미치고, 나아가 어떤 역할을 담당하고 있는가를 세부적으로 파악하고자 한다. 이를 도식화하면 〈그림 5.1〉과 같다.

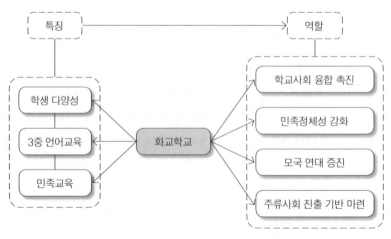

그림 5.1 일본 화교학교 역할 분석틀

1) 일본 화교학교 현황

2017년 현재 일본에는 총 5개의 화교학교가 운영되고 있다. 1949년 중국 대륙과 대만의 대립으로 인해 화교학교도 대륙계와 대만계로 분립되었다. 일반적으로 중국에서 출판한 교과서와 중국 간체자(简体字)를 가르치는 요코하마야마테중화학교와 고베중화동문학교가 대륙계이고, 대만 교과서를 기준으로 번체자(繁体字)를 가르치는 도쿄중화학교, 요코하마중화학원, 오사카중화학교가 대만계로 인식되고 있다.

표 5.2 일본 화교학교 현황

학교명칭	위치	학제	설립연도
도쿄중화학교 (东京中华学校)	도쿄 (东京都千代田区 5-14)	초등학교, 중학교, 고등학교	1929
요코하마중화학원 (横滨中华学院)	요코하마 (横滨市中山区山手町 142)	유치원, 초등학교, 중학교 , 고등학교	1898
요코하마야마테중화학교 (横滨山手中华学校)	요코하마 (横滨市中山区山手町 43)	유치원, 초등학교, 중학교	1898
오사카중화학교 (大阪中华学校)	오사카 (大阪市浪速区敷津东 1-8-13)	유치원, 초등학교, 중학교	1946
고베중화동문학교 (神户中华同文学校)	고베 (神户市中央区中山手道 6-9)	초등학교, 중학교	1899

(1) 도쿄중화학교

도쿄중화학교는 현재 일본 도쿄 지요다구(千代田区)에 위치한 대만계 화교학교이다. 1929년에 설립되었으나 전쟁으로 인해 폐쇄되었다가 1946년 도쿄화교연합회(东京华侨联合会, 현재는 도쿄화교총회)의 주도 하에 다시 설립되었다.

도쿄중화학교는 대만에서 운영하는 대만계 화교학교로 현재 초등학

사진 5.27 도쿄중화학교

교, 중학교, 고등학교까지 설립되어 있다. 도쿄중화학교는 화교학교인만큼 중국어 교육을 가장 중요시하고 있으며, 일본어, 영어를 비롯한 3중언어교육을 병행하고 있다. 도쿄중화학교는 "품행이 단정하고 학업 성적이 우수하며(品學兼优), 일본어와 중국어에 능통하고, 양국 문화를 이해하는 인재를 육성하는 것"을 취지로 운영하고 있다.

도쿄중화학교 초등학교는 졸업생들이 일본사회에 안정적으로 정착하는 것을 주요한 목적으로 다양한 커리큘럼을 개설하고 있다. 주로 중국어 교육을 위주로 하고 있고, 대만교육부가 지정한 교재를 중심으로 번체자를 가르치고 있으며, 졸업 시에는 2,100개의 한자를 익히도록 함으로써 중국어 듣기, 말하기, 읽기, 쓰기 능력을 양성하는 것을 주요한 교육 목적으로 하고 있다. 또한 일본교재를 같이 사용함으로써, 졸업생들이 일본 의무 교육수준에 이르도록 현지교육도 병행하고 있다.

초등학교와 달리, 도쿄중화학교 중학교와 고등학교에서는 일본 현지

사진 5.28 도쿄중화학교 홈페이지

출처: 도쿄중화학교, http://tcs.or.jp/(검색일: 2017.08.17)

학교로의 진학률을 높이기 위해 대만, 일본 교육을 병행하고 있다. 따라서 일본 현지 고등학교나 대학교에 입학하고자 하는 학생들이 우수한 성적

사진 5.29 도쿄중화학교 내부시설

으로 현지 학교에 진학할 수 있도록 현지교육을 중요시하고 있다. 다른 한편, 대만으로 돌아가고자 하는 학생들에게는 중국어 교육을 강화해 대만 학교로 진학할 수 있도록 교육하고 있다.

(2) 요코하마중화학원

1898년에 설립된 요코하마중화학원은 일본 현지에서 가장 오랜 역사를 가지고 있는 화교학교 중의 하나이다. 요코하마중화학원은 요코하마 쥬카가이 차이나타운 내부에 위치해 있으며, 요코하마화교총회(대만계) 및 관제묘와 인접해있다.

요코하마중화학원은 1897년 유럽에서 일본으로 들어온 순원(孫文)의 제의로 설립된 대만계 화교학교이다. 1897년 설립 당시에는 중서학교(中西学校)이었으며, 1898년에 대동학교(大同学校)로 개명하여 쉬친(徐勤)이 교장을 담당하였다.

1923년 관동대지진으로 인해 학교 시설이 전부 파괴되었으며, 그 이듬해 새로운 학교가 설립된 이후 대동(大同), 화교(华侨), 중화(中华) 3개 학교가 합병되어 요코하마중화공립소학당(横滨中华公立小学堂)으로 개명되었다. 그리고 1925년 10월에는 다시 요코하마중화공립학교(横滨中华公立学校)로 이름을 변경하였다.

1945년 제2차 세계대전으로 인해 학교는 완전히 파괴되었으며 1946년에 이르러서야 복구되었다. 1946년 9월 1일 새로운 학교 건물이 완공된 이후 학교는 요코하마중화소학교(横滨中华小学校)로 개명하였다. 9월 21일 학교는 "중화민국교무위원회(中华民国侨务委员会)"의 인증을 받았으며, 10월 1일에 정식 개교하였다. 1946년 당시 학교는 12명의 교사와 2명의 직원이 재직하였으며, 총 10개 학급에 400명의 학생이 재학 중이었다. 1947년 9월 1일 중학교와 유치원이 추가로 개설됨에 따라 학교는 요코하마중화학교(横滨中华学校)로 이름이 변경되었다. 그리고 1968년에 이르러

사진 5.30 요코하마중화학원

4층 건물이 완공되고, 학교법인자격을 부여받은 후 공식적으로 요코하마
중화학원(横浜中华学院)으로 개명되었다. 1974년에는 대만으로부터 "국부
기념교(国父纪念校)"로 인증 받아 현재까지 그 호칭을 사용하고 있다.[39] 요코
하마중화학원은 수많은 화교인재들이 교장을 담당하였는데, 현재 교장은
2013년에 취임한 펑엔궈(冯彦国)이며, 재직기간 최초로 개교기념일 문화축
제 등 행사를 개최해 호평을 받고 있다.

　　요코하마중화학원은 중화전통문화와 중국어 교육을 중심으로 하는
화교학교로, 예의염치(礼义廉耻)를 기반으로 글로벌 인재를 육성하는 것을
교육방침으로 운영하고 있다. 현재 학교에는 유치원, 초등학교, 중학교, 고
등학교가 운영되고 있으며, 중국어 교재와 일본어 교재를 동시에 사용하
고 있다. 중국어교재는 대만교무위원회가 기증한 교과서를 사용하고 있
으며, 일본어교재는 일본 문부과학성(文部科学省)에서에서 지정한 교과서를
사용하고 있다.

39　요코하마중화학원, http://www.yocs.jp/YOCS/(검색일: 2017.11.22)

사진 5.31 국부기념교 요코하마중화학원

사진 5.32 요코하마중화학원 홈페이지

출처: 요코하마중화학원, http://www.yocs.jp/YOCS/about.9.php(검색일: 2017.11.22)

요코하마중화학원은 일본사회에 안정적으로 정착하는 동시에 중화전통문화를 계승하는 글로벌 인재를 육성하기 위해 3중언어교육을 병행하고 있다. 초등학교, 중학교, 고등학교의 커리큘럼은 〈표 5.3〉과 같다.

　　요코하마중화학원 초등학교 커리큘럼에서 나타나듯이 초등학교에서는 중국어, 일본어, 영어 3중언어교육을 병행하고 있지만, 화교학생들의

표 5.3 요코하마중화학원 2016학년도 초등학교 커리큘럼

교과목		1학년	2학년	3학년	4학년	5학년	6학년
중국어	국어	8	8	6	6	6	6
	말하기	2	2				
	글쓰기			2	2	2	2
일본어		4	4	4	4	5	5
영어 회화		1	1				
영어				2	2	3	3
수학		4	4	5	5	5	5
생활		2	2				
자연				2	3	3	3
사회				2	2		
중국사회						2	1
일본사회						1	2
체육		2	2	2	2	2	2
건강				1	1	1	11
음악		2	2	2	2	1	
미술		2	2	2	2	1	1
컴퓨터						1	1
전통문화		1	1	1	1	1	1
주회		1	1	1	1	1	1
합계		29	29	32	33	35	35

출처: http://www.yocs.jp/YOCS/about.12.php(검색일: 2017.11.22.)

중국어 능력을 향상시키기 위해 중국어교육을 중요시하고 있다. 중국어를 국어로 지정하여 말하기, 쓰기 능력을 향상시키기 위해 수업을 개설하고 있다. 또한 학생들의 정체성을 유지하고 전통문화를 계승하기 위해 전통

표 5.4 요고하마중화학원 중학교 커리큘럼

교과목		1학년	2학년	3학년
중국어	중국어	4	4	4
	글쓰기	2	2	2
일본어		5	5	5
영어		4	4	4
영어 회화		1	1	2
수학		5	5	5
이과		3	3	3
일본사회		2	3	3
중국사회		3	3	3
체육		2	2	2
보건		1	1	
음악		1	1	1
미술		1	1	1
음악		2	2	2
미술		2	2	2
기술가정		2		
컴퓨터			1	
전통문화		1	1	1
종합학습		1	1	1
주회		1	1	1
합계		39	39	39

출처: http://www.yocs.jp/YOCS/about.12.php(검색일: 2017.11.22.)

사진 5.33 요코하마중화학원 내부시설

문화수업을 개설하고 있다. 전통문화수업에서 남학생들은 대부분은 용춤이나 사자춤을 배우고, 여학생들은 전통무용을 배우고 있다.

중학교 커리큘럼에서는 초등학교와 비교할 때, 중국어 교육을 유지하는 동시에 일본어교육을 강화하고 있는 것으로 나타났다. 이것은 많은 화교학생들이 중학교를 졸업한 이후 현지 일본 고등학교로 진학하는 경우가 많기 때문이다. 따라서 화교학교에서는 학생들의 일본학교 진학비율을 향상시키기 위해 일본어교육을 확대하고 있다.

고등학교 커리큘럼에서는 〈표 5.5〉에서 나타나듯이 중국어, 일본어, 영어를 비롯한 언어교육은 물론 역사, 지리, 수학, 물리, 화학, 생물 등 수업을 대폭 확대하고 있는 것으로 나타났다. 이는 화교학생들이 일본 현지대학교 혹은 대만 대학교로의 진학을 위해 개설한 수업이다. 현재 일본에서 운영하고 있는 5개 화교학교 중에서 도쿄중화학교와 요코하마중화학원에서만 고등학교를 운영하고 있다. 고등학교에 재학 중인 화교학생들은 대만으로 돌아가 현지 대학교로 진학하는 경우가 많다. 따라서 고등학교에서는 그들의 진학을 위해 관련 과목을 개설하고 있는 것이다.

표 5.5 요코하마중화학원 고등학교 커리큘럼

교과목		1학년	2학년	3학년
중국어	중국어	4	4	4
	글쓰기	2	2	2
	역사		2	
	지리	2		
	전통문화	1	1	1
일본어	국어종합	5		
	현대문B		4	4
	국어표현		2	2
지리 역사	세계사A	2		
	세계사B		2	4
	일본사A			
공민	현대사회	2		2
수학	수학Ⅰ	3		
	수학A	2		
	수학Ⅱ		4	
	수학B		2	3
	수학연습			
이과	물리기초		2	
	화학기초	2		
	생물기초	2		
	물리			
	화학		2	
	생물			3
보건체육	체육	2	2	2
	보건	1	1	1
예술	미술Ⅰ		1	1

외국어	커뮤니케이션영어 I	4		
	커뮤니케이션영어 II		4	
	커뮤니케이션영어 III			4
	영어 표현 I		2	
	영어 표현 II			2
	영어회화	2		
가정	가정기초	2		
정보	정보과학			2
진학			1	1
주회		1	1	1
합계		39	39	39

출처: http://www.yocs.jp/YOCS/about.12.php(검색일: 2017.11.22.)

(3) 요코하마야마테중화학교

요코하마야마테중화학교는 현지 화교들이 창립하고 그들이 스스로 운영하고 있는 중국 대륙계 화교학교이다. 학교의 설립취지는 덕육(德育), 지육(智育), 체육(體育) 등 다양한 영역의 교육을 통해 화교·화인 자녀가 중국어와 전통문화를 계승하는 동시에 일본어와 일본문화를 습득할 수 있도록 하며, 중일 우호관계를 위해 힘을 이바지할 수 있는 글로벌 인재를 육성하는 것이다.

1898년에 설립된 요코하마야마테중화학교는 오랜 역사를 가지고 있다. 1859년 7월 요코하마 개항이후, 중국계 이주민이 점차 유입되기 시작하였으며, 1895년 10월 순중산(孫中山)이 요코하마흥중회(橫濱興中会)를 설립하고 화교학교를 개설할 것을 제의하였다. 이에 따라 현지 화교들은 적극적으로 화교학교 설립을 위해 힘을 모았으며 1898년 2월에 드디어 요코하마대동학교(橫濱大同学校)가 설립되었다.

1923년 관동대지진으로 인해 요코하마대동학교, 화교학교, 중화학교

사진 5.34 요코하마야마테중화학교
출처: 요코하마야마테중화학교, http://www.yycs.jp(검색일: 2017.11.23.)

사진 5.35 1898년 요코하마대동학교
출처: 요코하마야마테중화학교, http://www.yycs.jp(검색일: 2017.11.23.)

가 모두 파괴되었으며, 1926년에 이르러 새로운 학교 건물이 완공되자 요
코하마중화공립학교(橫濱中华公立学校)로 이름을 변경하였다. 그러나 1945

사진 5.36 1949년 요코하마중화학교   **사진 5.37** 1966년 요코하마야마테중화학교

출처: 요코하마야마테중화학교, http://www.yycs.jp(검색일: 2017.11.23.)

년 제2차 세계대전으로 인해 학교는 미군의 공습에 의해 다시 폐허가 되었다. 그 이후 1946년 9월 요코하마중화소학교가 설립되었으며, 중국 대륙의 표준어(普通话)로 수업하기 시작하였다. 또한 1947년 9월에는 유치원과 중학교를 개설하여 요코하마중화학교(橫濱中华学校)로 이름을 변경하였다. 1948년에 이르러 학교에는 1,000여 명의 학생이 재학 중이었다. 그러나 1952년 9월 학교가 분리되어 학생들은 화교 가정이나 가게에서 수업을 이어갔다. 그 이후 1953년 9월 야마테마치(山手町)에 임시 학교를 설립해 600여 명의 화교학생들이 이곳에서 수업을 하였으며, 1957년 3월에 이르러 공식적으로 요코하마야마테중화학교로 이름을 변경하였다.

　1966년 5월 요코하마야마테중화학교의 5층 건물이 완공되었다. 1967년에 고등학교를 개설하였으나, 1982년에 고등학교를 폐지하고 유치원, 초등학교, 중학교 교육에 집중하였다. 또한 1983년 4월부터는 중국에서 교사를 초청하기 시작하였고, 1993년 4월에 교육개혁을 실행하였다.

　2017년 현재 요코하마야마테중화학교에는 총 592명의 학생이 재학 중이며, 그 중 초등학교 학생규모가 427명, 중학교 학생규모가 165명이다. 요코하마야마테중화학교는 국적과 출신을 불문하고 다양한 학생들이 공

사진 5.38 요코하마야마테중화학교 홈페이지
출처: http://www.yycs.jp/school/index.php(검색일: 2017.11.23.)

사진 5.39 요코하마야마테중화학교 운동장   **사진 5.40** 요코하마야마테중화학교 중국문화교실
출처: 요코하마야마테중화학교, http://www.yycs.jp(검색일: 2017.11.23.)

존하고 있는데, 그중에는 191명의 중국 국적 학생과 369명의 화인학생[40],
32명의 일본인 학생이 어울려서 생활하고 있다.[41]

---

40   일본국적 혹은 기타 국적을 소지하고 있는 중국계 학생을 지칭한다.

41   요코하마야마테중화학교, http://www.yycs.jp/school/info/info.html(검색일: 2017.11.27)

사진 5.41 요코하마야마테중화학교 내부시설

출처: 요코하마야마테중화학교, http://www.yycs.jp(검색일: 2017.11.23.)

    대륙계 화교학교에 속하는 요코하마야마테중화학교의 초등학교는 중국어, 중국사회를 비롯한 중국어 교육을 중심으로 과목을 개설하고 있으며, 중국어를 학교에서 공통으로 사용하는 언어로 강조하고 있다. 또한 학생들의 현지사회 적응을 위해 일본어, 일본사회 수업을 개설함으로써 일본어 교육을 병행하고 있다.

    다른 한편, 중학교에서는 일본어, 일본사회를 비롯한 일본 교육을 중심으로 과목을 개설하고 있다. 학교에서 공통으로 사용하는 언어는 중국어를 위주로 하고 일본어를 병행한다. 이는 화교학생들의 현지 고등학교 진학을 위해 기반을 마련하기 위해서이다.

그림 5.2 요코하마야마테중화학교 교재

출처: http://www.yycs.jp/school/education/education.php(검색일: 2017.11.27.)

요코하마야마테중화학교에서 사용하는 중국어 관련 교재는 중국국무원교무판공실(中国国务院侨办)에서 편집한 교재이며, 초등학교 수학은 중국인민출판사에서 출판한 교재를 사용하고 있다. 아울러 중국 문화와 관련된 교재는 학교에서 직접 편집하고 출판한 교재를 사용하고 있다. 일본어, 이과, 일본사회, 중학교 수학, 영어 등은 모두 일본 공립학교에서 사용하는 교재를 통일로 사용하고 있다.

(4) 오사카중화학교

대만계 화교학교 오사카중화학교는 다른 화교학교에 비해 늦은 1946년에 설립되었으며, 현재 유치원, 초등학교, 중학교가 설립되어 있다. 오사카중화학교는 민족정신을 계승하고, 일본과의 친선관계를 유지하며, 중·일·영 3중언어교육을 병행해 사회에 힘이 되는 인재를 육성하는 것이 설립취지이다.

1946년 설립 당시 화교학교는 "관서중화국문학교(关西中华国文学校)"로

사진 5.42
오사카중화학교

사진 5.43 오사카중화학교 정문

지칭되었으며, 1953년 "중화민국교무위원회(中華民国侨务委员会)"의 허가를
받아 "중화초급중학교 및 부설초등학교"로 등록되었다. 이어서 1956년에
새로운 학교 건물이 준공되었으며, 오사카중화학교라는 명칭이 확정되었
다. 오사카중화학교는 1967년에 유치원을 개설하였으며, 1995년에 공식
적으로 오사카 정부로부터 학교법인 자격을 취득하였다.

　2016년 5월 기준 오사카중화학교에는 총 226명의 학생이 재학 중이
며, 그중 중학생이 48명, 초등학생이 189명, 유치원생 29명이다. 재학 중
인 여학생은 142명으로, 남학생(124명)보다 수가 많다.

　다른 화교학교와 마찬가지로 오사카중화학교는 개방된 다문화공간
으로 다양한 국적 및 출신의 학생들이 공존하고 있다. 2016년 기준 오사
카중화학교에는 중국 대륙 출신 화교학생 80명이 재학 중이며, 이는 전체
학생규모의 30%를 차지한다. 또한 대만 출신 화교학생이 21명으로, 전
체 학생규모의 8%를 차지한다. 오사카중화학교에서 가장 큰 규모의 학생
은 일본으로 귀화한 화인학생이다. 총 117명이 재학 중이며, 전체 학생 규
모의 44%를 차지한다. 그 외에 일본인 학생이 37명으로 전체 학생규모의

표 5.6 오사카중화학교 2016학년도 학생 규모 (단위: 명)

구 분	남	여	합계	남	여	합계
중학교 3학년	12	7	19			
중학교 2학년	8	12	20	25	23	48
중학교 1학년	5	4	9			
초등학교 6학년	16	16	32			
초등학교 5학년	10	16	26			
초등학교 4학년	17	18	35			
초등학교 3학년	17	21	38	87	102	189
초등학교 2학년	11	13	24			
초등학교 1학년	16	18	34			
유치원	12	17	29	12	17	29
합계	124	142	266	124	142	266

출처: 오사카중화학교, http://www.ocs.ed.jp/gakkounaiyou.html#seitosu(검색일: 2017.12.08)

사진 5.44 오사카중화학교 홈페이지
출처: 오사카중화학교, http://www.ocs.ed.jp/gakkounaiyou.html#seitosu(검색일: 2017.12.08.)

표 5.7 오사카중화학교 재학생 국적 및 출신(2016년)

국적 및 출신	규모	비율
중국 대륙	80명	30%
대만	21명	8%
화인(귀화한 구화교 자녀)	117명	44%
일본인	37명	14%
기타(한국)	11명	4%
합계	266명	100%

출처: 오사카중화학교, http://www.ocs.ed.jp/gakkounaiyou.html#seitosu(검색일: 2017.12.08.)

14%를 차지하며, 11명의 한국학생이 오사카화교학교에 재학 중이다.

　오사카중화학교는 1946년 설립된 이래 학생 규모가 꾸준히 증가하고 있다. 2016년 현재 재학생 규모는 266명으로 1998년 이래 최대 규모이다. 오사카중화학교는 대만과 일본 교재를 사용하고 있는데, 초등학교의 경우 일본어와 사회, 이과, 음악을 제외하고는 모두 대만 교재를 사용하고 있다.

표 5.8 오사카중화학교 학생 규모 변화 일람표　　　　　　　(단위: 명)

연도	유치원	초등학교	중학교	전체 규모
1998	9	76	32	117
1999	13	77	32	122
2000	8	72	33	113
2001	12	92	40	144
2002	15	104	57	176
2003	13	117	63	193
2004	16	127	55	198
2005	15	144	56	215
2006	27	152	44	223

2007	23	158	44	225
2008	20	182	40	242
2009	27	181	55	263
2010	28	173	48	249
2011	24	174	56	254
2012	27	187	46	260
2013	15	190	53	258
2014	20	191	43	254
2015	24	189	50	263
2016	29	189	48	266

출처: 오사카중화학교, http://www.ocs.ed.jp/gakkounaiyou.html#seitosu(검색일: 2017.12.08.)

오사카중화학교는 중국어 · 일본어 · 영어 3중언어교육을 병행하고 있는데, 초등학교에서는 주로 중국어 교육을 위주로 하고 있다. 아래 커리큘럼에서도 나타나듯이, 초등학교에서는 국어 · 글쓰기 · 서예 수업 등을 통해 중국어 교육을 강화하고 있다. 또한 화교학교라는 특수성으로 인해 대만사회에 대한 이해도 강화하고 있다.

표 5.9 오사카중화학교 초등학교 커리큘럼

구분	과목	1학년	2학년	3학년	4학년	5학년	6학년
어문	국어	6	6	5	5	5	5
	글쓰기	–	–	1	1	1	1
	서예	–	–	1	1	1	1
	일본어	4	4	4	4	5	5
	영어	1	1	1	1	2	2
수학	수학	3	3	4	4	5	5
사회	중국사회	–	–	2	2	1	1
	일본사회	–	–	–	–	2	2

자연 및 생활과학	자연 (이과)	2	2	2	2	2	2
	컴퓨터	1	1	1	1	1	1
건강과 체육	체육	2	2	2	2	2	2
	건강	–	–	1	1	1	1
예술 및 인문	미술	2	2	1	1	1	1
	노동			1	1	1	1
	음악	2	2	2	2	1	1
종합활동	종합활동	1	1	1	1	1	1
합계		24	24	29	29	32	32

출처: 오사카중화학교, http://www.ocs.ed.jp/gakkounaiyou.html#seitosu(검색일: 2017.12.08.)

그러나 중학교에 이르러서는 민족교육보다 일본 현지 고등학교 진학을 위해 교과목을 편성하고 있다. 〈표 5.10〉에서도 나타나듯이, 중국어 교육을 진행하는 동시에 일본어, 영어 수업 시수를 확대하였으며, 역사 · 지리 · 공민 · 일본사회 · 이과 등 교과목을 통해 학생들의 고등학교 진학을 위해 기반을 마련하고 있다. 오사카중화학교는 100%의 고등학교 진학률을 확보하고 있으며, 학생들을 일류 고등학교로 보내기 위해 최선을 다하고 있다.

표 5.10 오사카중화학교 중학교 커리큘럼

구분	과목	1학년	2학년	3학년
어문	국어	4	4	3
	글쓰기	1	1	1
	일본어	4	4	5
	영어	4	4	5
수학	수학	4	4	5

사회	역사	1	1	-
	지리	1	1	-
	공민	1	1	-
	일본사회	4	4	4
자연 및 생활과학	자연(이과)	4	4	5
	컴퓨디	1	1	l
건강과 체육	보건 체육 건강	2	2	2
예술 및 인문	미술	1	1	1
	음악	1	1	1
종합활동	종합활동	1	1	1
합계		34	34	34

출처: 오사카중화학교, http://www.ocs.ed.jp/gakkounaiyou.html#seitosu(검색일: 2017.12.08.)

오사카중화학교는 학생들의 민족정체성을 강화하고 전통문화를 전승하기 위해 다양한 전통문화 수업을 개설하고 있다. 예컨대 초등학교 5학년부터 중학교 3학년까지 남학생들은 사자춤을 배워야 하며, 초등학교 3학년부터 중학교 2학년까지 여학생들은 전통무용을 배우고 있다. 아울러 이호(二胡)를 비롯한 전통악기 수업을 통해 민족음악에 대한 선호도를 향상시키고 있다.

사진 5.45 오사카중화학교 사자춤
사진 5.46 오사카중화학교 전통무용
출처: 오사카중화학교, http://www.ocs.ed.jp/gakkounaiyou.html#seitosu(검색일: 2017.12.08.)

(5) 고베중화동문학교[42]

고베중화동문학교는 현지 화교가 자발적으로 창립하고, 그들이 스스로 운영하는 학교로, 1899년 5월 28일 고베를 방문한 량치차오(梁启超)의 제의로 설립되었다. 중국대륙과 대만의 대립으로 인해 일본 화교학교는 대륙계와 대만계로 이분화 되어 있는데, 고베중화동문학교는 중국 간체자를 가르치는 대륙계 화교학교이다.

고베중화동문학교의 전신(前身)은 고베화교동문학교이며, 1939년 고베오사카중화공학(神阪中华公学)과 합병되어 현재의 고베중화동문학교로 되었다. 100여 년의 역사를 유지하고 있는 고베중화동문학교는 "단결우애, 호경호조(团结友爱, 互敬互助)"라는 교훈(校训)으로 꾸준히 화교·화인 인재를 양성하고 있다. 학교의 설립취지는 화문교육을 통해 차세대 화교·화인들이 중국의 역사, 지리 등 다양한 정보를 획득해 모국을 정확히 이해할 수 있도록 하고, 향후 중일 양국관계를 위해 힘을 이바지 할 수 있도록

사진 5.47
고베중화동문학교

---

42 김혜련·리단(2017), "일본 화교·화인 민족집거지의 형성과 화교단체의 역할: 고베 난킨마치 차이나타운을 중심으로", 『동북아문화연구』 제51집, pp. 43-45.

사진 5.48 고베중화동문학교 정문

인재를 양성하는 것이다.

고베중화동문학교는 초등학교와 중학교를 운영하고 있다. 2016년 기준 총 690명의 학생이 재학 중에 있으며, 그중 초등학생이 475명, 중학생이 215명이다.[43] 고베중화동문학교는 학생들의 출신이나 국적을 불문하고 대륙 및 대만 출신 화교·화인뿐만 아니라, 일본인, 미국·한국 국적 학생을 비롯한 외국인 학생이 함께 어울리는 다문화 교육공간으로 성장하고 있다.

표 5.11 고베중화동문학교 학생 규모(2016년)

구분	초등학교	중학교	학생 수
남학생	258명	122명	380명
여학생	217명	93명	310명
합계	475명	215명	690명

출처: 고베중화동문학교, http://www.tongwen.ed.jp/gaiyou/ninzu.html(검색일: 2017.04.10)

---

[43] 神戸中華同文学校, http://www.tongwen.ed.jp/gaiyou/ninzu.html(검색일: 2017.04.30)

고베중화동문학교는 화교·화인들이 운영하는 민족학교이지만, 화문교육과 일본교육을 병행하여 학생들이 모국문화를 이해하고 민족정체성을 유지하는 동시에 일본사회에 진출할 수 있도록 교육을 진행하고 있다. 초등학교의 경우, 일본어 수업이외에는 모두 학교에서 편집한 중국어 교재를 사용하고 있다. 커리큘럼에서 나타나듯이 3학년부터 중국어, 일본어, 영어 3중언어교육을 병행하고 있으며, 특히 중국어 교육을 중요시하고 있다. 또한 음악, 미술, 체육 등 수업에는 민족음악, 수묵화, 태극권, 중국식 종이공예(剪紙) 등 전통 문화를 경험할 수 있는 내용으로 수업을 진행하여 학생들이 민족문화를 접하는 동시에 민족정체성을 유지할 수 있도록 한다.

표 5.12 고베중화동문학교 초등학교 커리큘럼

학년	중국어	일본어	수학	자연	상식	사회	지리	역사	음악	미술	체육	서예	영어	주회	합계
6학년	9	3	6	3				2	2	2	3	1	1	1	33
5학년	9	3	6	3			2		2	2	3	1	1	1	33
4학년	10	3	5	2.5		2.5			2	2	3	1	1		32
3학년	10	3	5			3			2	2	2	1			31
2학년	11	2	5		2				2	1	3				27
1학년	12	1	4		2				2	1	3				26

출처: 고베중화동문학교, http://www.tongwen.ed.jp/kyoiku/curriculum_sho.html(검색일: 2017.04.30)

중학교에 와서는 초등학교와 달리 중국어, 지리, 역사 이외의 모든 수업은 일본중학교가 사용하는 일본어 교재를 사용한다. 초등학교에서는 학생들의 중국어 능력을 향상시키고 모국에 대한 이해를 강화하기 위해 중국어 교재를 사용하지만, 중학교에서는 학생들의 일본학교 진학 및 현지사회 진출을 위해 일본교재를 사용하고 있는 것이다. 따라서 고베중화동문학교 졸업생 대부분은 일본 고등학교로 진학하고 있다. 이를 위해 학교

표 5.13 고베중화동문학교 중학교 커리큘럼

학년	중국어	일본어	영어	지리	역사	일본사회	수학	이과	음악	미술	기술가정	체육	도덕	주회	합계
3학년	5	5	4			3	5	4	1	1	2	2	1	1	34
2학년	6	4	4		3	3	4	3	1	1	2	2		1	34
1학년	6	4	4	3		3	4	3	1	1	2	2		1	34

출처: 고베중화동문학교, http://www.tongwen.ed.jp/kyoiku/curriculum_sho.html(검색일: 2017.04.30)

측에서는 3중언어교육을 통해 학생들의 언어능력을 강화하는 동시에 일본 학교 진학을 위한 교육을 강화하고 있다. 고베중화동문학교는 일본어 수업 외의 모든 수업을 중국어로 진행하지만, 〈표 5.12〉에서도 나타나듯이 중학교에 이르러서는 중국어 교육보다 일본어 및 영어 교육을 강화하

사진 5.49 고베중화동문학교 홈페이지
출처: 고베중화동문학교, http://www.tongwen.ed.jp/index.php(검색일: 2017.12.11.)

고 있다. 이는 학생들의 일본사회 적응 및 진출을 위해 기반을 마련하고
있는 것이다.

고베중화동문학교는 고베 화교·화인사회가 존속할 수 있는 가장 중
요한 화교단체이다. 화교학교는 화교·화인이 그들의 언어를 습득하고,
민족문화를 계승하며, 정체성을 유지하는 핵심장치인 동시에 차세대 화교
인재를 양성하는 민족교육의 장이다. 백여 년의 역사를 가지고 있는 고베
중화동문학교는 화교·화인이 단일민족국가 일본에서 완전히 동화되지
않고 그들만의 공동체를 구축해 민족집거지를 형성할 수 있는 기반을 마
련한 것이다.

2) 일본 화교학교의 특징: 단일화에서 다원화로[44]

이주의 시대가 도래되고 초국적 이주가 확대됨에 따라 일본사회의 다
문화·다인종화가 가속화되고 있다. 특히 1990년 일본『출입국관리법』
개정이후, 신화교에 해당되는 중국계 이주민의 유입이 확대됨에 따라 일
본 전통 화교사회와 화교학교에는 새로운 변화가 나타났다. 다음은 일본
화교학교의 특징을 구체적으로 살펴보도록 하겠다.

(1) 화교학교 학생의 다원화

일본 화교학교 현황에서도 논의하였다시피 일본의 화교학교는 대륙
계와 대만계로 이분화 되어 있다. 비록 대륙계와 대만계 화교학교의 교육
체계가 다르지만, 운영과정에서는 입학학생의 국적 및 출신에 제한을 두
지 않고 있다. 일본 화교학교는 입학생의 국적, 출신을 불문하고 다양한

---

44 김혜련(2015a), "일본 화교·화인 현지사회 적응에서 화교학교의 역할", 『평화학연구』 제
16권 4호, pp.303-308.

계층에게 개방된 교육 공간이다. 따라서 각 화교학교에는 중국 대륙이나 대만 출신 학생들은 물론, 이미 귀화하여 일본 국적을 취득한 화인과 일본인 학생, 나아가 한국·미국·영국·싱가포르 등 외국국적 출신 학생들도 혼재해 있어 다양성을 나타내고 있다.

기존 화교학교의 재학생은 대부분 중국 혹은 대만 여권을 가지고 있는 화교학생이었다. 1974년 고베중화동문학교의 통계에 따르면, 재학생 823명 중 중국 국적을 소지하고 있는 화교학생은 808명으로, 전체 규모의 98.2%를 차지하며, 일본 국적 학생은 13명으로 1.6%에 불과하다. 그러나 2005년에 이르러 고베중화동문학교 630명 재학생 중, 일본국적 학생은 402명에 이르러 전체 학생수의 63.8%를 차지하였다. 일본국적을 소지한 재학생 확대 현상은 고베중화동문학교뿐만 아니라, 다른 화교학교에서도 나타나고 있다. 예컨대, 요코하마야마테중화학교의 경우, 2007년 기준 재학생 413명 중 일본국적 학생은 286명으로 69.2%를 차지하며, 도쿄중화학교 300명 학생 중 168명이 일본국적인 것으로 집계되어 전체 규모의 56.0%를 차지한다.[45] 또한 오사카중화학교의 경우, 2013년 기준 총

표 5.14 고베중화동문학교 재학생 국적별 현황(2005년) (단위: 명)

구분	중국국적		일본국적		기타 국적	합계
	구화교	신화교	화인	일본인		
초등학교	81	71	229	59	12	454
중학교	39	19	97	17	6	176
합계	120	90	326	76	18	630

출처: 裴曉兰, "试论日本华侨学校的法律地位及其所带来的问题," 『华侨华人历史研究』2009年第1期(2009), p.63.

---

45 裴曉兰, "试论日本华侨学校的法律地位及其所带来的问题", 『华侨华人历史研究』2009年第1期(2009), p.63.

표 5.15 요코하마야마테중화학교 재학생 국적별 현황(2007년) (단위: 명)

구분	화교 · 화인		일본인	기타 국적	합계
	구화교 · 화인	신화교 · 화인			
유치원	27(1)	29(8)	4	0	60
초등학교	61(9)	128(55)	25	2	216
중학교	22(4)	88(50)	26	1	137
합계	110(14)	245(113)	55	3	413

출처: 张玉玲, 『华侨文化の创出とアイデンティティ』(ユニテ, 2008), p.64.
※ ( ) 안의 수치는 여전히 중국 국적(대만 여권)을 보유하고 있는 화교.

258명 재학생 중 일본국적이 146명(일본인과 귀화한 화인 포함)으로 전체 규모의 57%를 차지한 것으로 나타났다.[46]

일본 화교학교 재학생의 다양성과 다원화는 여러 가지 요인이 상호작용한 결과물이다. 그 구체적인 원인을 살펴보면 아래와 같다. 첫째, 일본 화교사회 구성원의 변화로 인해 초래된 불가피한 현상이다. 오랜 현지적응 과정을 거쳐 일본사회에는 귀화를 통해 화교에서 화인으로의 신분 전환을 완성한 화인 규모가 확대되었고, 더불어 1978년 이후 신화교의 일본 유입이 급증함에 따라 화교사회 구성원이 변화되었다. 화교사회의 중심은 민족정체성이 확고하고 모국과 긴밀한 유대관계를 이어오던 화교 1, 2세대로부터 점차 일본사회에 동화된 젊은 세대로 교체되었다. 구화교의 현지화 및 신화교의 유입으로 인해 변화된 일본 화교사회는 화교학교에도 반영된 것이다.

둘째, 일본 및 기타 외국인 학생의 입학규모가 확대한 결과이다. 현재 일본 화교학교는 다양한 문화가 공존하고 있는 다문화 공간이다. 재학생에는 구화교와 신화교의 자녀는 물론, 일본인과 결혼한 화교의 자녀, 일본

---

46 오사카중화학교, http://www.ocs.ed.jp/gakkounaiyou.html#seitosu(검색일: 2015.04.10)

인 자녀, 한국·미국·영국 등 외국인 자녀도 포함된다. 외국인이 폭증하고 다문화공생이 새로운 이슈로 부각되자, 서로 다른 문화에 대한 일본 국민의 태도가 관용적이고 수용적인 것으로 변모되고 있다. 또한 화교학교의 3중언어교육은 일본 학부모의 주목을 받아 1990년대 이후 화교학교에 입학하고자 하는 일본 학생이 꾸준히 증가하고 있다.

요코하마중화학원의 교장으로 재직 중인 펑○궈(사례 4)와의 인터뷰에서도 화교학교의 다원화가 잘 나타나고 있다. 현재의 일본 화교학교는 화교·화인과 일본인이 공존하고 상생하는 다문화 공간으로 성장하고 있다.

> 사례 4: 우리 학교에는 다양한 출신 학생들이 있어요. 중국과 대만은 물론이구요, 일본학생 비율도 꽤 높습니다. … 그리고 경쟁률도 굉장히 높아요. … (웃음) … 화교학교가 일본 학교보다 등록금도 저렴하고, 또 3개의 언어를 배울 수 있어서 학부모가 많이 선호하죠(사례 4, 펑○궈).
>
> 연구자: 입학 경쟁률이 높다고 하셨는데, 그럼 화교학생들에게는 우대가 있나요?
>
> 사례 4: 정원 이내에서는 우선 화교학생을 고려합니다. 아무래도 화교학교다 보니까 언제나 화교학생을 제1순위로 선발하죠. 하지만 그렇다고 해서 일본학생을 제한하는 것은 아닙니다. 저희 학교는 그 어떤 국적 학생에게도 개방되어 있습니다. … (웃음) … (사례 4, 펑○궈).

(2) 3중언어교육 병행

화교학교는 일본사회에 정착하고 있는 화교·화인을 대상으로 설립된 민족학교로서 모국어인 중국어와 거주국 언어인 일본어는 물론, 영어교육도 병행함으로써 3개 국어가 가능한 글로벌 인재를 육성하고 있다.

현재 운영 중인 5개의 화교학교는 모두 3중언어교육을 병행하고 있다. 비록 3개국어를 가르치는 교육시수(時數)에 차이가 있지만, 화교학교 모두 중국어와 일본어에 능통한 글로벌 인재 육성을 목표로 커리큘럼을

표 5.16 요코하마중화학원의 중ㆍ일ㆍ영 3개국어 커리큘럼

구분		중국어	일본어	영어
초등학교	1학년	8교시	4교시	–
	2학년	8교시	4교시	–
	3학년	6교시	4교시	2교시
	4학년	6교시	4교시	2교시
	5학년	6교시	5교시	2교시
	6학년	6교시	5교시	2교시
중학교	1학년	6교시	5교시	4교시
	2학년	6교시	5교시	4교시
	3학년	6교시	5교시	5교시

출처: 요코하마중화학원, http://www.yocs.jp/YOCS/index.php(검색일: 2015.04.10)

표 5.17 고베중화동문학교 중ㆍ일ㆍ영 3개국어 커리큘럼

구분		중국어	일본어	영어
초등학교	1학년	12교시	1교시	–
	2학년	11교시	2교시	–
	3학년	10교시	3교시	–
	4학년	10교시	3교시	1교시
	5학년	9교시	3교시	1교시
	6학년	9교시	3교시	1교시
중학교	1학년	6교시	4교시	4교시
	2학년	6교시	4교시	4교시
	3학년	5교시	5교시	4교시

출처: 고베중화동문학교, http://www.tongwen.ed.jp/index.php(검색일: 2015.04.10)

편성하였다. 〈표 5.16〉과 〈표 5.17〉에서도 나타나듯이, 요코하마중화학원과 고베중화동문학교는 초등학교부터 중학교까지 꾸준히 3중언어교육을

병행하고 있다. 다만 초등학교에서는 일본어와 영어보다는 중국어 교육을 중요시하고 있으며, 요코하마중화학원은 초등학교 3학년부터, 고베중화 동문학교는 초등학교 4학년부터 영어교육을 실시하고 있다.

3중언어교육 실시 이후 화교학교에 지원하는 학생은 대폭 증가하였으며, 학교마다 늘 정원을 초과하는 현상이 나타나고 있다. 따라서 3개국어를 가르치는 교육 특징은 화교학교의 경쟁력을 향상시켰을 뿐만 아니라, 화교학교 학생들이 다양한 문화를 접할 수 있는 기회를 제공해 다문화인식을 지닌 글로벌 인재로 성장하는 기반을 마련하였다. 화교학교 출신 연구 참여자와의 인터뷰에서도 이러한 현상이 잘 나타나고 있다.

> 사례 9: 화교학교에서는 기본적으로 3개 언어를 배워요. 졸업하면 나름 경쟁력 있죠. 저는 중학교까지 화교학교에 다니고 고등학교부터는 일본학교를 다녔어요. 하지만 어렸을 때부터 배운 국어(国语, 중국어) 덕분에 지금도 중국어를 잘해요. … 중국어, 영어를 하니까 세계 어느 나라에 가도 언어적으로 불편함이 없어요. 그리고 언어 덕분에 연구영역도 폭이 넓어요.… 화교학교에서 공부한 덕분이라고 생각해요(사례 9, 천○시).

> 사례 14: 저는 화교 3세대입니다. 부모님은 중국어나 전통문화교육을 아주 중요시하는 분이셨어요. 그래서 중학교까지 화교학교를 다녔고, 대학교 졸업이후에는 북경에 가서 1년 동안 언어연수도 받았어요. 지금은 화교총회에서 화교와 관련된 일도 하고 있어요. 일본사회에 동화되는 것은 어쩔 수 없지만, 그래도 중국어는 계속 배워야 한다고 생각해요(사례 14, 스○)

(3) 새로운 민족교육 실천

화교학교의 가장 중요한 교육 목표 중의 하나는 바로 민족교육을 통해 학생들의 민족정체성을 고양시키고, 전통문화를 계승하도록 하는 것이다. 그러나 다문화시대가 도래됨에 따라 일본 화교학교의 교육내용에도 새로운 변화가 나타나고 있다. 화교학교는 민족교육을 중요시하는 동시에 졸업생들이 일본 주류사회에 진출할 수 있도록 거주국 문화 교육도 병행하고 있다. 다시 말해, 일본 화교학교는 모국 전통문화 계승과 거주국 문화 교육을 동시에 추진하는 새로운 민족교육을 실천하고 있다.

현재 운영 중인 화교학교는 각기 다른 교육목표와 취지가 있지만 그 기본원칙은 대동소이(大同小異)하다. 즉, 중국어와 중화역사문화 교육을 통해 모국과의 연대를 강화하고 민족정체성을 유지하는 한편, 학생들이 안정적으로 일본사회에 정착하고 나아가 적극적으로 주류사회에 진출할 수 있도록 기반을 마련하는 것이다.

모국과의 연계를 강화하고 민족정체성을 유지하는 교육 방식은 다양하다. 일본 화교학교는 중국어 교육 외에도 민족악기, 민족무용, 전통명절 체험 등 다양한 경로를 통해 민족교육을 추진하고 있다. 예컨대 요코하마 중화학원은 전통문화를 계승하기 위해 커리큘럼에 전통문화 교육과정을 편성해 남학생은 사자춤(舞狮), 용춤(舞龙)을 배우고, 여학생은 전통무용을 배우도록 하고 있다. 요코하마야마테중화학교에서는 학생들의 과외활동으로 사자춤, 중국 무술, 중국 다도(茶艺) 등 수업을 개설하고 있다. 고베중화동문학교는 5개 화교학교 중에서 유일하게 중국민족필하모니(中国民族乐团)를 구성한 학교로, 화교학생들이 직접 중국 전통 악기를 연주함으로써 민족문화를 계승하고 있다. 더불어 오사카중화학교에서는 사자춤, 민족무용, 국악 등 교과목을 개설해 학생들이 직접 민족문화를 체험할 수 있도록 하고 있다.

보다시피 화교학교는 학생들이 중국어를 배우고, 전통문화를 계승함으로써 모국과의 연계를 강화하고 정체성을 유지하도록 유도하고 있다. 이러한 민족교육으로 인해 화교학교 졸업생들은 민족문화를 체화시키고 있을 뿐만 아니라, 일본사회에서도 적극적으로 중국문화를 전파하고 있다.

사례 1: 화교들은 전통을 잘 지키고 있어요. 특히 차이나타운에 모여 사는 화교들이 더욱 그렇구요. 일본에는 춘절이 없지만, 우리는 꼭 춘절을 쉽니다. 축제도 해요. ··· 우리는 어렸을 때부터 사자춤을 배웠어요. 그래서 지금도 사자춤, 용춤을 기억하고 있어요. 쥬카가이(中华街)에서는 매년 춘절에 축제(春节祭)를 하는데, 축제 때 거리에서 사자춤 추는 사람은 대부분 화교학교 졸업생들이에요(사례 1, 장ㅇ뤄이).

사례 12: 사자춤이니 진통무용이 중요하다고 생각해요. 우리가 중국인의 후예라는 것을 다시 확인하는 과정이죠. 저의 아들도 지금 화교학교에 다니고 있는데 사자춤을 배우고 있어요. 대를 이어가는 있어요(사례 12, 린ㅇ).

화교학교는 다양한 교육과정을 통해 민족교육을 추진하고 있는 한편, 학생들이 일본사회에 적극적으로 진출할 수 있도록 일본어 교육은 물론 일본문화, 풍속 습관, 나아가 일본의 정치 · 경제 · 사회 · 문화 등 다양한 현지 지식을 섭렵할 수 있도록 교육과정을 개설하고 있다. 예컨대 화교학교는 일본학교의 기초교육 내용을 커리큘럼에 편입시킴으로써 화교학생들이 중 · 일 양국문화를 접하는 동시에 일본학생들이 배우는 교육내용도 함께 습득할 수 있도록 교과목을 운영하고 있다. 구체적으로 유치원에서는 일본어를 중심으로 수업을 진행하고 있으며, 초등학교에서는 중국어교육 비중을 확대해 학생들의 중국어 실력을 강화하는 동시에 중국 문화에 대한 이해를 심화시키고 있다. 중학교, 고등학교에서는 진학을 주요한 목적으로 일본학교와 같은 교과목을 개설함으로써 화교학생들이 일본학생과 동등한 학력을 가질 수 있도록 노력하고 있다. 보다시피 화교학교는 학생들이 일본사회와 동떨어진 소수집단이 아니라, 자신의 민족특성을 유지한 일본사회 구성원으로 자리매김할 수 있도록 새로운 민족교육을 실천하고 있다.

3) 현지적응 과정에서 화교학교의 역할[47]

일본 화교·화인 백여 년의 이주역사와 현지적응 과정에서 화교학교는 중요한 역할을 담당하고 있으며, 시대의 변화에 따라 끊임없이 발전하는 모습을 보이고 있다. 다음은 화교·화인 현지적응에서 화교학교의 역할을 구체적으로 살펴보고자 한다.

(1) 화교사회 융합 촉진

일본 화교사회는 동남아를 비롯한 기타 지역 화교·화인 사회와 다른 특수성을 내포하고 있다. 중국 대륙과 대만의 대립으로 인한 화교사회 분립, 일본 유입시기 및 성장배경의 차이로 인해 구분된 구화교와 신화교 사회, 일본 화교·화인은 하나의 에스닉(ethnic) 그룹임에도 불구하고 역사 및 정치적 원인으로 인해 일본 국내에서도 분산된 화교사회를 형성하고 있다. 이러한 대립되고 분산된 화교·화인사회는 화교학교에서 하나의 민족공동체로 통합되고 있다.

위에서도 언급했다시피, 일본 화교학교는 비록 중국 대륙계와 대만계로 분립되어 사용하는 교과서와 학교 운영체계가 다르지만, 입학하는 학생에 대해서는 국적과 출신을 불문하고 개방되어 있다. 따라서 화교학교에는 일본에서 태어나고 자란 구화교와 이주역사가 짧은 신화교가 공존하고 있으며, 또한 중국 국적을 보유하고 있는 중국인과 대만 여권을 소지하고 있는 대만인, 더불어 이미 일본으로 귀화하여 일본국적을 취득한 화인도 함께 교육을 받고 있다. 예컨대 오사카중화학교의 경우, 2013년 기준 전체 258명의 재학생 중에서 중국 대륙 출신 신화교 학생이 62명으로

47　김혜련(2015a), "일본 화교·화인 현지사회 적응에서 화교학교의 역할", 『평화학연구』 제16권 4호, pp.309-313

표 5.18 오사카중화학교 재학생 출신 현황(2013년)   (단위: 명)

학생 출신 구분	규모	비율
중국 대륙 신화교	62	24%
대만 신화교	26	10%
귀화한 화인(일본 국적)	90	35%
일본인	56	22%
구화교	2	1%
기타(한국 16명, 미국 2명)	22	9%
합계	258	100%

출처: 오사카중화학교, http://www.ocs.ed.jp/gakkounaiyou.html#seitosu(검색일: 2015.04.10)

전체 규모의 24%를 차지하고, 대만 출신 신화교가 26명으로 전체 학생의 10%, 일본으로 귀화한 화인이 90명으로 35%, 구화교가 2명으로 1%를 차지하는 것으로 나타났다.[48]

이렇듯 화교학교에는 다양한 화교사회 구성원이 공존하고 있으며, 그들은 같은 언어, 같은 문화를 습득하면서 화교·화인으로서의 정체성을 확립하게 된다. 화교학교라는 개방된 다문화 공간에서 화교·화인은 점차 하나의 통합된 민족공동체를 형성하고 있다. 다시 말해, 국적과 출신을 불문하는 화교학교는 분산된 일본 화교사회를 하나로 융합시키는 촉매역할을 수행하고 있으며, 구화교와 신화교가 교류하는 장으로 자리매김하고 있다.

일본 화교·화인사회를 하나로 융합시키는 화교학교의 이러한 역할은 인터뷰에서도 잘 나타난다. 일본 화교·화인에게 있어서 국적은 개인적인 선택일 뿐, 화교사회에서는 모호한 개념으로 변모하고 있다.

48　오사카중화학교, http://www.ocs.ed.jp/gakkounaiyou.html#seitosu(검색일: 2015.04.10)

연구자: 주변에 혹시 대만 여권을 가지고 있는 친구나 신화교 친구가 있나요?

사례 12: 많아요. 저는 아직 중국 국적을 가지고 있지만, 대만 여권 가지고 있는 친구 많아요. 사실 우리에게 있어서 주변 화교가 어느 나라 국적을 가지고 있는지는 중요하지 않아요. 다들 (화교)학교에서 같이 컸으니까요 … (사례 12, 린O).

사례 11: 중화회관은 근처에 있는 관제묘(关帝庙)를 관리하고, 또 화교들에게 만나고 교류할 수 있는 장소를 제공합니다. 화교 · 화인이라면 누구나 이용할 수 있는 공간이에요. 대륙계 · 대만계 뭐 이런 구분은 없어요. 국적도 상관없어요. 다 같이 어울리는 곳이라고 할 수 있어요(사례 11, 쉬O즈).

(2) 민족정체성 강화

정체성은 개인 혹은 집단의 존재를 주변 세계와의 연관 속에서 설명하고 규정하는 용어로, 민족정체성은 특정 민족이 가지는 고유 특성이나 해당 민족의 사회구성원으로서의 소속의식을 의미한다.[49] 화교학교는 모국어인 중국어를 가르치고 중국 전통문화를 계승시킴으로써 학생들의 민족정체성을 강화하고 있다.

〈표 5.19〉 및 〈표 5.20〉에서도 나타나듯이, 화교학교는 초등학교부터 중국어 교육을 중심으로 모국의 지리, 역사, 문화 등을 가르침으로써 학생들의 화교 · 화인으로서의 소속감을 강화하고 있다. 백여 년의 현지적응 과정을 거쳐 많은 중국계 이주민은 화교에서 화인으로의 신분 전환을 완성해 일본사회에 동화되어 가고 있다. 그러나 화교학교의 민족교육으로 인해 현재의 화교 · 화인들은 여전히 중국어를 구사하고, 전통명절을 보존하고 있으며, 그들만의 민족정체성을 유지하고 있다. 화교학교는 일본 화교사회가 존재하고 발전하는 버팀목이며, 모국과의 연계를 유지하는 연결고리이다.

---

[49] 정영훈, "민족정체성, 그리고 한민족의 민족정체성", 『민족학연구』 9권 1호(2010), p.3.

표 5.19 요코하마야테중화학교 초등학교 커리큘럼

학년	중국어	중국어회화	수학	이과	지리	역사	일본어	일본사회	음악	미술	체육	영어	서예	생활	단체활동	주회	합계
1학년	6	3	4				4		2	2	2			1		1	25
2학년	6	3	5				4		2	2	2			1		1	26
3학년	6	2	6	3			4	2	2	2	2			1			30
4학년	6	2	6	3			4	2	2	2	2		1	1		1	32
5학년	6	2	6	3	3		4	2	1	2	2	1	1			1	34
6학년	6	2	6	3		3	4	2	1	2	2	1	1			1	34

출처: 요코하마야테중화학교, http://www.yokohamayamate-chineseschool.ed.jp(2015.04.10)

표 5.20 요코하마야테중화학교 중학교 커리큘럼

학년	중국어	중국어쓰기	수학	이과	일본어	일본사회	영어	음악	미술	체육	생활	주회	합계
1학년	6	2	4	4	5	3	4	1	1	2	2	1	35
2학년	6	2	4	4	5	3	4	1	1	2	2	1	35
3학년	6	1	4	4	5	4	4	1	1	2	2	1	35

출처: 요코하마야테중화학교, http://www.yokohamayamate-chineseschool.ed.jp(2015.04.10)

화교·화인들이 민족정체성을 유지하고 전통문화를 보존하는 양상은 인터뷰에서도 잘 나타난다. 고베 난킨마치 차이나타운에서 잡화가게를 운영하고 있는 리○리(사례 10)는 화교 4세대임에도 불구하고 여전히 능통하게 중국어를 구사하고 있다.

연구자: 화교 4세대이신데 어떻게 중국어를 이렇게 잘하시나요? 집에서도 전통명절 지내시요?

사례 10: 중국어는 어렸을 때부터 배웠어요. 그리고 고베에서 화교학교 다녔고, 차이나타운에서 생활하다보니까 중국어를 더 많이 써요. … 전통명절은 꼭 지내요. 중추절에는 웨빙(月饼) 먹고, 춘절에는 교자(饺子) 먹어요. 우리 가게에도 웨빙이랑 중국 차, 만두 이런 전통음식 많이 팔아요. … 저는 지금까지도 중국

국적 가지고 있어요(사례 10, 리오리).

화교학교는 이렇듯 재학생들의 민족정체성을 강화할 뿐만 아니라, 체계적인 민족교육을 통해 화교 인재를 육성하고 있다. 현재 각 화교학교에서 교직원으로 재직 중인 교사는 대부분 화교학교에서 졸업한 화교·화인이며, 화교총회·중화회관 등 화교단체에서 근무하는 직원도 대부분 화교학교 출신이다. 따라서 화교학교는 화교사회를 이끌어갈 리더와 인재를 육성하는 중요한 교육의 장이기도 하다.

> 사례 14: 화교총회에서 근무하는 직원들은 대부분 고베중화동문학교 출신 화교에요. 화교학교에 재직 중인 선생님도 대부분 그렇습니다. 물론 많은 사람들이 차이나타운을 떠나 일본사회에 들어가지만, 그래도 차이나타운이나 학교에서 중요한 역할을 하는 사람들은 화교학교 졸업생입니다(사례 14, 스ㅇ).

(3) 모국과의 연대 증진

화교·화인은 초국가적 삶을 경험한 이주민 집단으로서, 모국에 대한 집합적 기억을 간직하고 있을 뿐만 아니라, 모국과의 연대를 유지하려는 의지를 가지고 있다. 이주민이 모국을 떠나 전 세계 어느 지역에서 정착하고 있다고 할지라도, 모국에 대한 기억과 연대는 쉽게 단절되지 않는다. 일본에 정착하고 있는 화교·화인도 모국과의 연계를 유지하고 있으며, 화교학교는 그 연결고리 역할을 담당하고 있다.

화교학교에서 사용하는 교재와 다양한 교육시설은 모국으로부터 지원받는 경우가 많다. 예컨대 중국 대륙계에 속하는 요코하마야마테중화학교와 고베중화동문학교에서 사용하는 중국어 교재는 중국 국무원 교무판공실(中国国务院侨办)에서 제작하고 발행한 것이며, 수학 교재는 중국인민교육출판사에서 출판한 교과서이다. 다른 한편, 대만계에 속하는 도쿄중화학교와 요코하마중화학원은 '중화민국교무위원회(中华民国侨务会)'에서 발행하고 기증한 중국어 교재를 사용하고 있다.

또한 화교학교는 모국 출신 선생님을 초빙하거나 정기적인 모국방문 활동을 통해 화교학생과 모국과의 유대를 강화하고 있다. 일례로 요코하마중화학원은 중국 심양 출신 음악선생님을 초빙해 학생들에게 전통악기를 가르치면서 모국문화에 친근하게 다가갈 수 있는 계기를 마련하고 있으며, 해마다 대만방문 활동을 추진해 학생들이 직접 모국 땅을 밟을 수 있도록 하고 있다.

> 사례 4: 우리 학교 선생님도 다국적입니다. … 중국 심양 출신 음악선생님이 계셔요. 주로 고쟁(古箏)과 같은 전통악기를 가르칩니다. 중국 출신이라서 학생들이 그 선생님을 통해 중국을 이해할 수 있어요. … 해마다 모국방문도 하죠. 우리는 "뿌리 찾기 여행"이라고 하는데, 학생들이 교과서에서만 봤던 모국을 직접 볼 수 있게 하는 것입니다(사례 4, 펑○궈).

(4) 일본 주류사회 진출 기반 마련

초국적 이주가 일반화되고 다문화공생이 일본사회에서 새로운 이슈로 부상되자 화교학교에는 일본 국적 학생 규모가 꾸준히 증가하고 있다. 또한 화교학교 학생들은 중학교 졸업 이후 일본 고등학교에 입학하는 것이 대부분이며, 현지화를 거쳐 일본사회에 안정적으로 정착하는 것을 목표로 한다.

〈표 5.21〉에서도 나타나듯이, 2014년 기준 요코하마야마테중화학교 중학교 졸업생 35명 중 24명이 일본 고등학교로 진학하였다. 즉, 화교학교에 재학 중인 학생들은 대부분 일본학교 진학을 목표로 하고 있다. 이러한 실정에 따라 화교학교는 중국어 및 전통문화 교육을 중심으로 한 민족교육을 강화하는 동시에 화교학생들이 일본사회에서 안정적으로 정착하

표 5.21 요코하마야마테중화학교 중학교 졸업생 진학 현황(2014년)

일본 국립고등학교 입학현황 (13명)	일본 사립고등학교 입학 현황 (11명)
神奈川県立白山高等学校 (1명)	三田国際学園高等学校 (1명)
神奈川県立横浜緑ヶ丘高等学校 (1명)	法政大学女子高等学校 (1명)
横浜市立东高等学校 (1명)	法政大学第二高等学校 (1명)
神奈川県立柏杨高等学校 (3명)	日出高等学校 (1명)
横浜市立櫻丘高等学校 (1명)	横浜高等学校 (2명)
横浜市立东高等学校 (2명)	橘学苑高等学校 (1명)
神奈川県立神奈川总和高等学校 (1명)	横浜翠陵高等学校 (1명)
神奈川県立新荣高等学校 (1명)	东京高等学校 (3명)
神奈川県立舞冈高等学校 (1명)	
神奈川県立茅ヶ崎高等学校 (1명)	

출처: 요코하마야마테중화학교, http://www.yokohamayamate-chineseschool.ed.jp(2015.04.15)

고 일본학교에 입학할 수 있는 기반을 마련하고 있다. 학생들은 화교학교에서 모국문화 이외에도 일본어, 일본문화, 일본 주류사회 진출에 필요한 다양한 지식을 습득하게 된다.

> 사례 4: 저희는 학생들이 일본학교에 진학할 수 있도록 일본어나 일본문화 교육도 중요시하고 있습니다. 입학날짜, 공휴일, 방학 등도 일본학교와 똑같아요. 일본학교 교육과 비슷하게 심지어 더 높은 수준의 학생을 양성해 일본학교로 입학시키는 것이 목표 중의 하나입니다(사례 4, 펑○궈).

이 책에서는 현지조사 및 심층면접을 통해 화교학교의 특징을 체계적으로 분석함으로써 화교학교가 일본 화교·화인 현지적응 과정에서 담당하는 역할을 분석하였다. 연구결과 화교학교는 기타 지역 민족학교와 달리 학생들의 국적 및 출신을 불문하고 다양한 계층에게 개방된 다문화 공간으로 성장하고 있다. 아울러 3중언어교육을 병행함으로써 글로벌 인재를 육성하고 있으며, 전통문화를 강조하는 동시에 일본 문화도 동시에 흡수하는 새로운 민족교육을 실천하고 있다.

이러한 특징을 내포하고 있는 화교학교는 일본 화교 · 화인사회와 밀접한 연관이 있다. 화교학교는 화교 · 화인사회가 발전하고 성장하는 버팀목이며, 글로벌 화교 인재를 육성하는 민족교육의 장이다. 화교학교는 분산된 일본 화교 · 화인을 하나의 민족공동체로 융합시키는 촉매역할을 하고 있으며, 민족언어와 전통문화 교육을 통해 화교 · 화인의 민족정체성을 고양시키고 있다. 또한 화교학교는 일본 화교 · 화인사회가 모국과의 연대를 유지하는 연결고리이며, 동시에 일본 주류사회에 진출하는 기반을 마련함으로써 그들의 일본 현지적응에도 도움이 되고 있다.

요컨대 일본 화교 · 화인의 현지적응 과정에서 화교학교는 중요한 역할을 담당하고 있다. 그러나 화교학교의 이러한 역할과 중요성에도 불구하고 운영과정에서 많은 어려움을 직면하고 있다. 우선, 화교학교의 법적 지위로 인해 재정적인 어려움을 겪고 있는 것이 가장 큰 문제점이다. 일본 현행 학교교육법에 따르면, 화교학교는 일본문부과학성(日本文部科学省)이 인정하는 정규 교육기관이 아니라, 화교 · 화인이 독립적으로 운영 · 관리하는 학교법인 혹은 재단법인이다. 즉, 일본에서 화교학교는 "각종 학교"로 분류되는 외국인 학교이다.[50] 따라서 화교학교는 일본정부의 지원을 받지 못하며, 학생 등록금과 화교사회 지원으로 독립적으로 운영되고 있다. 이러한 불안정한 경제적 원인으로 인해 화교학교는 운영과정에서 재정적 어려움을 겪고 있다.

다음, 학생 규모에 비해 화교학교가 부족한 실정이다. 2015년 현재 일본 화교 · 화인사회의 인구규모는 72만 명으로, 향후에도 계속 증가할 것으로 예상된다. 그러나 현재 운영 중인 화교학교는 5개에 불과해, 많은 화교 · 화인 학부모가 부득이하게 자녀를 일본학교로 보내는 경우가 많이 나타나고 있다. 따라서 화교학교 규모 확대가 절실한 상황이다.

50　裴暁飞(2009), p.64.

마지막으로, 화교학교 교직원 충원이 절실하다. 현재 화교학교 교직원과 학생 비례는 1 : 13으로 나타나, 선생님들이 매주 평균 21~22시간씩 수업을 하는 경우가 대부분이다.[51] 또한 화교학교 교직원의 연봉수준이 일본학교 교직원 연봉의 80%밖에 되지 않아 교직원 복지혜택 개선도 절실한 상황이다.

　이주민에게 있어서 민족학교는 그들이 거주국에서 민족적 특성을 유지하고 전승하는 가장 중요한 수단 중의 하나이다. 일본에 정착하고 있는 화교·화인은 바로 화교학교를 중심으로 그들의 언어, 문화, 정체성을 유지하고 있으며, 화교사회를 발전시키고 있다. 더불어 다문화시대의 도래와 함께 화교학교는 기존의 폐쇄적인 교육체계로부터 탈피해 보다 개방적인 다문화공간으로 자리매김하고 있다.

51　鞠玉华(2008), p.12.

VI

일본 화교 · 화인과 모국과의 관계

정보통신과 인터넷의 발달로 인해 디아스포라는 모국과 거주국에서 실시간 정보공유와 소통이 가능하며, 이는 또한 초국가시대 새로운 공동체 공간을 탄생시킬 수 있는 조건을 충분히 충족시키고 있다. 이처럼 글로벌시대에 디아스포라는 모국에 대한 기여도가 점차 높아지고 있는 추세에 있으며, 모국과의 연계 또한 지속적으로 강화되고 있다.

　　디아스포라는 초국가적 활동을 영위한 이주민 집단으로서, 모국에 대한 집합적 기억을 공유하고 있을 뿐만 아니라, 모국과의 연대를 유지하는 의지를 가지고 있다. 디아스포라가 모국을 떠나 전 세계 어느 지역에서 생활하고 있다고 할지라도, 모국에 대한 기억과 연대는 쉽게 단절되지 않는다. 모국에 대한 '집합적 기억'은 자신 또는 선조의 고향으로부터 파생된 심리적 유대이다. 이러한 유대로 인해 디아스포라는 모국과의 연계를 유지하게 되며, 모국의 언어를 습득하고 전통문화를 계승하는 등 방식으로 모국과의 연관성을 구축하게 된다. 디아스포라에게 있어서 모국사회는 그들을 지탱하는 든든한 버팀목 역할을 하게 되며, 다른 한편 모국과의 연계를 구축하는 것은 모국에 대한 기억을 강화하는 수단이기도 하다.[1]

　　디아스포라집단이 모국에 대한 '집합적 기억'을 공유하고, 모국과의 관계를 유지하는 것은 다양한 형식으로 표출된다. 우선, 민족정체성 유지는 모국과의 연계를 지속하는 전제조건이다. 정체성은 개인이나 집단의 존재를 주변세계와의 연관 속에서 규정하고 설명하는 용어로, 민족정체성은 특정 민족이 가지는 고유특성이나 민족의 일원으로서의 소속의식을 지칭한다.[2] 따라서 거주국에서 민족정체성을 유지하고, 이를 기반으로 민족공동체를 구성하는 것은 모국과의 연대를 강화하는 방식 중의 하나이다. 다음, 모국어를 사용하고 모국문화를 보존하는 것도 모국과의 유대를 강

1　김혜련(2015b), "말레이시아 화인 디아스포라의 모국관계 연구", 『민족연구』 제61호, p.85.
2　정영훈(2010), "민족정체성, 그리고 한민족의 민족정체성", 『민족학연구』 제9권 제1호, p.3.

화하는 수단이다. 모국 언어 구사능력은 모국과의 연대를 강화하는 필수 도구이며, 디아스포라가 모국과의 연관성을 판단하는 중요한 기준이다. 디아스포라는 모국어를 사용함으로써 모국과의 네트워크를 구축하고 소속감을 느끼게 된다. 더불어 전통명절, 민족문화로 나타나는 모국 문화 계승은 디아스포라 집단이 거주국에서 모국에 대한 '집합적 기억'을 상징화하는 방식 중의 하나이다. 그들은 선조로부터 계승한 풍습과 문화를 보존함으로써 모국에 대한 기억을 공유하고 구체화시킨다. 마지막은 모국과의 직·간접적 교류와 연대이다. 모국과의 연대는 다양한 분야에서 표출된다. 예컨대 모국과의 인적 왕래, 정치·경제·사회·문화적 교류 등이다. 거주국에서 민족정체성을 유지하고, 모국어를 사용하며, 모국문화를 발전시키는 것은 모국과의 연계를 간접적으로 유지하는 것이라면, 모국과의 정치·경제·사회·문화적 교류는 직접적으로 네트워크를 구축하여 모국과의 관계를 강화하는 것이다.[3]

일본 화교·화인은 민족정체성을 유지하고 있을 뿐만 아니라, 화교학교를 설립해 중국어를 배우고 전통문화를 전승하면서 모국과의 연계를 유지하고 있다. 따라서 제6장에서는 정치, 경제, 사회·문화영역에서 일본 화교·화인과 모국과의 관계를 검토하고자 한다.

1. 정치 · 경제적 연계

제6장 부분에서는 일본 화교·화인과 모국의 관계를 체계적으로 분석하기 위해 정치, 경제, 사회, 문화적 영역으로 나누어 그들과 모국과의 연계를 세부적으로 검토하였다. 우선 모국 정치활동 참여 여부를 조사함

---

3 김혜련(2015b), p.85.

으로써 화교·화인과 모국의 정치적 연계를 분석하였다.

분석결과 〈표 6.1〉에서 나타나듯이, 질문사항 '중국(대만) 선거에 투표한 적 있다'의 평균값은 3.00보다 낮은 1.93, '중국(대만) 정치정당이나 단체에 참여한 적 있다'라는 질문항목의 평균값이 2.15로 나타났다. 이는 일본 화교·화인이 모국의 정치활동 참여에 소극적이며, 모국과의 정치적 연계가 미약하다는 것을 설명한다.

표 6.1 모국 정치활동 관련 질문사항의 평균 및 표준편차

질문항목	평균	표준편차	빈도
나는 중국(대만) 선거에 투표한 적 있다.	1.93	1.150	111
나는 중국(대만) 정치정당이나 단체에 참여한 적 있다.	2.15	1.227	107

일본 화교·화인은 국적 등 제한 요인으로 인해 모국으로의 정치활동은 물론, 현지 거주국에서도 활발한 정치활동을 전개하지 못하고 있다. 따라서 화교·화인과 모국의 정치적 연계는 미약한 것으로 나타난다. 일본 화교·화인의 이러한 적응 양상은 인터뷰에서도 잘 나타난다.

연구자: 일본이나 모국에서 화교·화인의 정치활동은 어느 정도인가요?

사례 9: 일본 화교·화인의 정치활동은 아주 미미해요. 일본에서의 정치 참여도 그렇고 모국도 마찬가지입니다. … 많은 화교들은 아직 중국이나 대만의 여권을 가지고 있지만, 일본에서 태어나고 자랐기 때문에 중국이나 대만 정치에 큰 관심을 가지고 있지 않아요. 그렇다고 해서 일본 정치활동에 참여할 수 있는 것도 아닙니다. 어디까지나 우리는 외국인이니까요(사례 9, 천○시).

사례 3: 일본에서는 국적 문제 때문에 정치활동이 쉽지가 않아요. 중국이나 대만의 정치 문제에 대해서도 관심을 가지는 사람은 있겠지만 대부분 참여하지 않는 것으로 알고 있어요. 화교들은 정치보다 경제나 문화에 관심이 더 많아요(사례 3, 스○펑)

다음은 일본 화교·화인과 모국의 경제적 연계를 분석하기 위해 그들의 모국 송금활동을 살펴보았다. 분석결과 '중국(대만)의 가족이나 친인척에게 송금하거나 선물을 보낸 적 있다'는 질문사항의 평균값이 2.69로 나타났으며, '중국(대만)의 가족이나 친인척으로부터 송금 받거나 선물을 받은 적 있다'는 질문사항의 평균값이 2.53으로 나타났다. 즉, 일본 화교·화인의 모국 송금은 활발하지 않으며, 모국과의 경제적 연계가 밀접하지 않다는 것이다.

표 6.2 경제적 연계 관련 질문사항의 평균 및 표준편차

질문항목	평균	표준편차	빈도
나는 중국(대만)의 가족이나 친인척에게 송금하거나 선물을 보낸 적 있다.	2.69	1.309	112
나는 중국(대만)의 가족이나 친인척으로부터 송금 받거나 선물을 받은 적 있다.	2.53	1.301	112

2. 사회·문화적 연계

일본 화교·화인과 모국의 사회·문화적 연계는 인적왕래, 문화교류 등 다양한 영역에서 나타난다. 일본 화교·화인이 모국과의 정치·경제적 연계가 미약한 것과 달리, 사회·문화적 교류는 활발하게 진행되고 있다. 이주의 시대가 도래되고 인구이동이 일상화됨에 따라 화교·화인의 초국가적 활동은 더욱 활성화 되고 있다. 특히 1972년 중일수교 이후, 화교·화인의 모국방문은 더욱 빈번해지고 있으며, 방문목적도 다양해졌다.

설문조사 결과 〈표 6.3〉에서도 나타나듯이, 전체 응답자 중 83.0%(93명)가 '모국을 방문한 경험'이 있으며, 71.7%(81명)가 '모국에 가족이나 친인척이 거주하고 있는 것'으로 나타났다. 즉, 일본 화교·화인은 모국을 빈

번하게 방문함으로써 인적 네트워크를 구축하고 있다.

표 6.3 일본 화교 · 화인의 모국방문 경험

질문사항	예	아니요	전체
나는 중국(대만)을 방문한 적이 있다.	93(83.0)	19(17.0)	112(100)
나는 중국(대만)에 가족이나 친인척이 있다.	81(71.7)	32(28.3)	113(100)

주) 표 중의 숫자는 빈도, ( )의 숫자는 %

더불어 〈표 6.4〉와 〈표 6.5〉에서 나타나듯이, 화교 · 화인은 주로 전화(30.7%), 인터넷(27.7%), SNS(12.9%) 등 방식으로 모국의 친인척과 연락하고 있으며, 최근 1년 간 1회 이상 모국의 친인척과 연락한 응답자가 71.1%에 이른다. 다시 말해, 일본 화교 · 화인은 모국에 정착하고 있는 친인척과 활발한 인적왕래를 유지하고 있다.

표 6.4 일본 화교 · 화인과 모국 친인척의 연락방식

질문사항	전화	메일	인터넷	SNS	방문	기타	전체
빈도(명)	31	5	28	13	9	15	101
비율(%)	30.7	5.0	27.7	12.9	8.9	14.9	100

표 6.5 최근 1년 간 일본 화교 · 화인의 모국 친인척 접촉빈도

질문사항	1~5회	한달에 1~2회	일주일 간 1회	매일 1회	기타	없음	전체
빈도(명)	22	15	22	5	6	20	90
비율(%)	24.4	16.7	24.4	5.6	6.7	22.2	100

또한 일본 화교 · 화인은 모국의 단체활동에 적극 참여하고, 자녀를 모국에서 주최하는 프로그램에 참여시키는 등 모국과의 사회적 연계를

유지하고 있다. <표 6.6>에서도 볼 수 있다시피, 질문사항 '중국(대만) 단체나 조직의 프로그램에 자녀를 보낸 적 있다'의 평균값이 3.38로 나타났고, '중국(대만)의 단체나 조직의 모임에서 적극 활동하고 있다'의 평균값이 3.47로 나타났다.

표 6.6 일본 화교 · 화인의 모국 단체 활동 참여 관련 평균 및 표준편차

질문항목	평균	표준 편차	빈도
나는 중국(대만) 단체나 조직의 프로그램에 자녀를 보낸 적 있다.	3.38	1.291	106
나는 중국(대만)의 단체나 조직의 모임에서 적극 활동하고 있다.	3.47	1.179	110

화교 · 화인과 모국의 사회적 연계는 인적왕래 뿐만 아니라, 화교학교 지원 사업에서도 잘 나타난다. 일본 화교학교에서 사용하는 교재와 다양한 교육시설은 모국으로부터 지원받는 경우가 많다. 예컨대 중국 대륙계에 속하는 요코하마야마테중화학교와 고베중화동문학교에서 사용하는 중국어 교재는 중국 국무원 교무판공실(中国国务院侨办)에서 제작하고 발행한 것이며, 수학 교재는 중국인민교육출판사에서 출판한 교과서이다. 다른 한편, 대만계에 속하는 도쿄중화학교와 요코하마중화학원은 '중화민국 교무위원회(中华民国侨委会)'에서 발행하고 기증한 중국어 교재를 사용하고 있다. 또한 화교학교는 모국 출신 선생님을 초빙하거나 "뿌리찾기 여행"을 비롯한 청소년 모국방문 활동을 통해 화인 디아스포라 학생과 모국과의 유대를 강화하고 있다.

다른 한편, 일본 화교 · 화인은 모국을 자주 방문해 사회적 관계를 유지하고 있을 뿐만 아니라, 적극적으로 모국 문화를 보존하고 계승하면서 문화적 연계를 구축하고 있다. 일본에는 요코하마 쥬카가이, 고베 난킨마치, 나가사키 신치쥬카가이를 비롯한 3대 차이나타운이 있다. 이러한 차이

나타운에는 해마다 관제탄, 마조탄, 미식축제(美食节), 국경절축제(国庆节), 중추절축제과 춘절축제 등 다양한 문화축제를 개최하고 있다. 따라서 화교 · 화인은 이러한 방식을 통해 모국과의 문화적 연계를 유지하고 있다.

또한 일본 정착 화교 · 화인은 모국문화에 친근감을 느끼고 있으며, 일상생활에서도 적극적으로 모국문화를 접해 문화적 연계를 유지하고 있는 것으로 나타났다. 구체적으로 질문사항 '중국(대만)의 드라마와 영화를 자주 보고 있다'의 평균값은 3.37로 나타났고, '중국(대만) 축제, 문화활동 참여 여부' 평균값은 3.30, '중국(대만) 신문, 잡지, 인터넷사이트 활용 여부'의 평균값은 3.20로 나타났다. 이는 일본 화교 · 화인이 모국문화를 선호하며, 일상생활에서도 모국문화를 체화시키고 있다는 것을 설명한다.

표 6.7 일본 화교 · 화인의 모국문화 친밀도

질문항목	평균	표준 편차	빈도
나는 중국(대만)의 드라마나 영화를 자주 보고 있다.	3.37	1.225	107
나는 중국(대만) 관련 축제, 문화활동에 적극 참여하고 있다.	3.30	1.175	107
나는 중국(대만)의 신문, 잡지, 인터넷사이트 등을 자주 보고 있다.	3.20	1.140	107

일본 화교 · 화인과 모국의 문화적 연계는 인터뷰에서도 잘 나타난다. 그들은 화교학교, 축제문화 등을 통해 현지 거주국에서 모국 문화를 재생시키고 있을 뿐만 아니라, 정보 통신의 발달과 함께 직접적으로 모국 문화를 접하고 있다.

사례 11: 중국이나 대만 드라마 자주 봐요. 요즘에는 인터넷이 잘 되어 있어서 바로 바로 새로 나오는 영화나 드라마를 찾아볼 수 있어요(사례 11, 쉬오즈).

사례 14: 저는 북경에서 언어 연수하는 기간에 만난 친구와 자주 연락하고 있어요.

… 중국 사이트도 많이 써요. 바이두(百度)나 신랑(新浪) 이런 사이트 자주 이용하죠(사례 14, 스O).

일본 화교 · 화인이 모국과 사회 · 문화적 연계를 유지할 수 있었던 것은 화인사회와 모국을 연결하는 화교단체가 있었기 때문이다. 화교단체는 화교 · 화인이 거주국에서 공동체를 형성하고 민족정체성을 유지하는데 중요한 역할을 담당한다. 화교 · 화인은 화교단체를 중심으로 복합적인 네트워크를 형성하고 이를 통하여 강력한 민족 응집력을 형성하고 있다. 일본 화교 · 화인 특히 차이나타운에 거주하고 있는 화교 · 화인은 하나 이상의 단체에 가입하여 회원으로서 우의를 다지고 정보를 주고받으며 유대를 강화하고 있다. 일본의 화교단체는 그들의 출신지역을 중심으로 한 동향회(광동회관, 복건회관 등), 일본중화총상회를 비롯한 경제인 네트워크, 그리고 일본 정착 화교 · 화인의 친목을 도모하고 결속력을 강화하기 위한 화교총회 등 다양한 형식의 단체가 구축되어 있다. 이러한 화교단체의 설립목적은 화교 · 화인의 민족정체성을 유지하고 결속력을 강화하며 모국과의 연계를 유지하기 위한 것이다. 화교단체는 모국방문, 모국과의 문화교류 등 다양한 활동을 통해 일본 화교 · 화인과 모국의 연대를 강화하고 있다.

교통과 통신의 발달과 함께 거주국 내에서 주변화되고 불안정한 신분으로 살아가는 디아스포라들이 정치 · 경제 · 사회 · 문화적인 부문에서 모국과의 연계가 가능해지기 시작했다. 초국적인 글로벌시대, 화교 · 화인을 더욱 깊이 있게 이해하기 위해서는 그들의 거주국 현지적응이나 주변화는 물론이고, 문화정체성의 성격과 모국에 대한 인식을 포함한 모국과의 연계에도 주목할 필요가 있다. 상술한 연구결과에서 나타나듯이, 일본 화교 · 화인은 민족정체성을 기반으로 모국과의 연계를 유지하고 있다. 비록 일본 화교 · 화인사회 내부의 제한적 요소로 인해 모국과의 정치 · 경제적 연계는 미약한 것으로 나타났지만, 사회 · 문화적 교류는 활발하게 진행되고 있다. 그들은 빈번하게 모국을 방문하고 있고, 자녀를 모국 주최 프로그램에 적극 참여시키는 등 모국과의 사회적 연계를 유지하고 있다. 또한 일본 화교·화인은 모국문화에 친근감을 느끼고 있으며, 모국 관련 축제, 문화 활동에 적극 참여함으로써 모국과의 문화적 연계를 강화하고 있다.

VII

맺음말

이주의 시대가 도래되고 초국적 이주가 확대됨에 따라 일본사회의 다문화 · 다인종화가 가속화되고 있다. 특히 1990년 일본『출입국관리법』 개정이후, 신화교에 해당되는 중국계 이주민의 유입이 확대됨에 따라 일본 화교 · 화인의 규모는 더욱 확대되고 있는 추세이다. 화교 · 화인은 중국과 일본에 '끼어있는' 이주민 집단으로서 현지화를 통해 적극적으로 일본 주류사회에 진출하려는 동시에 민족언어를 습득하고 전통문화를 계승함으로써 모국과의 연대를 유지하려는 이중적 입장을 나타내게 된다. 모국과의 관계를 유지하는 과정에서 화교 · 화인은 그들만의 노력을 통해 민족정체성을 강화하고 있으며, 거주국에 민족집거지를 조성하여 다양한 모국 상징기제를 구축하고 하고 있다.

이 연구는 100여 년 전에 일본으로 유입되어 정착하고 있는 화교 · 화인의 다중정체성과 초국가성을 규명하기 위해 문헌연구, 설문조사, 심층면접을 중심으로 그들의 일본 정착 실태, 다중정체성, 민족집거지에 조성한 모국 상징기제, 모국과의 정치 · 경제 · 사회 · 문화적 연계를 검토하였다. 이 책의 연구결과를 요약하면 아래와 같다.

첫째, 일본 화교 · 화인의 의식주 생활실태, 사회적응 현황, 차별경험을 조사한 결과 그들은 거주국에서 안정적으로 정착하고 있으며, 일본인과 비교적 조화로운 관계를 유지하고 있는 것으로 나타났다. 구체적으로 의식주 생활실태 분야에서 그들은 여전히 탕쫭, 치파오를 전통의상으로 간주하고 있을 뿐만 아니라, 모국 전통의상에 남다른 자부심과 강한 애착심을 표출하고 있다. 또한 일본 화교 · 화인은 전통명절 춘절과 중추절에 여전히 교자, 녠가오, 웨빙, 구이화고우 등 전통음식을 준비하고 있으며, 일상생활에서도 중국과 일본 양국의 음식문화를 융합시키는 적응 양상을 나타내고 있다. 아울러 주거환경에 있어서 일본 화교 · 화인은 현재 거주국의 주거시설 비용, 사회복지 및 의료시설 이용 환경, 안전 상태, 자연 · 양육 · 교육 환경에 대해 전반적으로 만족하는 태도를 보이고 있다.

사회적응 분야에서 일본 화교·화인은 지역사회에서 주민으로 인정받고 있고, 지역 주민들이 그들을 인격적으로 존중하는 등 거주국에서 안정적으로 정착하고 있으며, 지역사회에 위화감 없이 적응하고 있는 것으로 나타났다. 또한 그들은 거주국 문화를 적극적으로 수용하는 동시에 모국 문화도 유지하고 계승하려는 의지를 표출하고 있어 양국 문화를 유기적으로 융합하는 적응 양상을 나타내고 있다.

차별경험 분야에서 일반적으로 모국을 떠나 거주국에서 새로운 삶을 개척한 디아스포라는 현지 거주국에서 이방인으로 취급되며, 주류사회로부터 타자화를 경험하게 된다. 그러나 일본 화교·화인은 일상생활이나 사회생활, 취직 및 정보 취득 분야에서 이주민이라는 이유로 인해 소외되거나 배제되지 않는 것으로 나타났다.

둘째, 모국과 거주국에 '끼어있는' 화교·화인의 다중정체성을 검토하기 위해 그들의 국민정체성과 민족정체성을 조사하였다. 연구 결과 화교·화인의 국민정체성의 경우, 그들은 일상생활에서 일본을 비하하는 기사를 보면 기분이 나쁘고, 일본에서 생활하는 것을 자랑스럽게 생각하며, 일본 지역사회에서 사회구성원으로 인정받는 것으로 나타났다. 또한 일본의 역사, 전통, 관습 등에 대해 알려고 노력하고 있고, 다른 사람에게 일본에 대해 자주 이야기하며, 화교·화인들이 일본어를 배우고 사용해야 한다고 주장한다. 이는 화교·화인이 일본사회에서 안정적으로 정착하고 있는 것을 설명한다. 그러나 이주민으로서의 화교·화인은 일본으로 귀화하는 것에 대해 소극적인 반응을 보이고 있으며, 일본의 이주민정책에 불만을 토로하고 있다. 또한 그들은 일본의 역사와 문화에 대해 잘 이해하지 못하는 것으로 나타났으며, 일본에 대한 강한 소속감을 표출하지 않고 있다. 다시 말해, 일본에 정착하고 있는 화교·화인들은 일상생활에서 일본사회에 안정적으로 정착하고 있고, 일본의 역사, 문화, 전통, 관습 등에 대해 알려고 노력하고 있으나, 거주국에 대해 강한 소속감을 느끼지 않으며,

명확한 국민정체성을 나타내지 않는다는 것이다.

국민정체성과 달리 화교·화인은 강한 민족정체성을 유지하고 있다. 그들은 능통하게 중국어를 구사하고 있으며, 일상생활에서도 중국어를 빈도 높게 사용하고 있다. 더불어 화교·화인은 춘절, 중추절, 단오 등 전통 명절을 여전히 유지하고 있으며, 사자춤·전통무용·민족악기 등을 통해 전통문화를 보존하고 계승하려는 의지를 나타내고 있다. 화교·화인은 모국어 구사능력과 전통문화를 기반으로 뚜렷한 민족의식을 표출하고 있다. 그들은 화교·화인의 후예로서 민족자긍심을 느끼고 있으며, 민족공동체에 강한 소속감을 표출하고 있다. 다시 말해, 일본 화교·화인은 현지사회에 완전히 동화된 것이 아니라, 여전히 그들만의 민족정체성을 유지하고 있다는 것이다.

화교·화인의 민족정체성은 다양한 영향요인에 의해 결정되지만, 가장 중요한 것은 여전히 민족공동체 내부의 노력과 의지이다. 화교·화인은 화교학교를 설립해 차세대 화교·화인의 민족교육을 강화하고 있으며, 차이나타운에서 축제문화를 형성함으로써 모국에 대한 향수를 표출하는 동시에 화교·화인의 민족의식과 민족정체성을 고양시키고 있다. 또한 화교·화인은 화교협회를 비롯한 단체를 운영함으로써 정보를 공유하고 유대를 강화하고 있다. 이렇듯 화교·화인은 화교학교, 문화축제, 화교단체를 중심으로 그들만의 민족공동체를 형성하고 있으며 정체성을 확립시키고 있다.

셋째, 일본 요코하마 쥬카가이, 고베 난킨마치 차이나타운에 조성된 화교·화인의 시각적·종교적·문화적·교육적·상징기제를 체계적으로 검토하였다. 연구결과 시각적으로 화교·화인들은 파이러우를 비롯한 중국식 건축을 구축함으로써 모국에 대한 기억을 상징화하고 있다. 또한 종교적으로 관제묘와 마조묘를 통해 화교·화인의 향수, 모국과의 연대 및 결속을 상징적으로 표출하고 있다. 문화적으로 축제는 화교·화인에게 있어서 민족공동체를 상징적, 문화적으로 재현해내는 하나의 장치이다. 따라서 일본 차이나타운에는 고향에 대한 향수를 표출하는 축제문화가 형성되어 있다. 명절축제, 사자춤, 용춤, 전통무용 등을 통해 전통문화를 전승하는 동시에 모국과의 연대를 유지하고 있다. 교육적으로 요코하마중화학원, 고베중화동문학교를 비롯한 화교학교를 통해 차세대 화교·화인들에게 중국어와 전통문화를 가르침으로써 민족교육을 추진하고 있다. 화교학교는 일본 화교·화인사회와 중국을 연결하는 유대(紐帶)이며, 화교·화인이 현지에서 모국을 체화시키는 상징기제이다.

넷째, 디아스포라가 모국을 떠나 전 세계 어느 지역에서 생활하고 있다고 할지라도, 모국에 대한 기억과 연대는 쉽게 단절되지 않는다. 따라서 이 연구는 정치, 경제, 사회·문화영역에서 일본 화교·화인과 모국의 연계를 검토하였다. 연구결과, 일본 화교·화인사회 내부의 제한적 요소로 인해 모국과의 정치·경제적 연계는 미약한 것으로 나타났지만, 사회·문화적 교류는 활발하게 진행되고 있다. 그들은 빈번하게 모국을 방문하고 있고, 자녀를 모국 주최 프로그램에 적극 참여시키는 등 모국과의 사회적 연계를 유지하고 있다. 또한 일본 화교·화인은 모국문화에 친근감을 느끼고 있으며, 모국 관련 축제, 문화 활동에 적극 참여함으로써 모국과의 문화적 연계를 강화하고 있다.

이 책은 설문조사와 심층면접을 통해 일본 화교·화인의 다중정체성 및 초국가성을 규명하고자 하였지만, 요코하마 및 고베 차이나타운 거주 화인을 중심으로 연구를 진행한 만큼 일정 정도 한계를 가지고 있다. 엄밀한 의미에서 화교·화인의 현지적응 현황 및 다중정체성을 파악하기 위해 일본 전역의 화교·화인을 선정하여 면접을 진행해야 할 것이며, 더불어 일본인도 면접 대상자에 포함시켜 검토해야 할 것이다.

부록

일본 화교 · 화인의
의식주생활, 정체성, 모국 관계에 관한 설문조사

번호			

안녕하십니까?

한국 전남대학교 세계한상문화연구단은 세계 곳곳에 정착하여 살고 있는 재외동포들의 이주, 정착, 문화생활, 기업활동 등을 조사하여 국가정책에 반영될 수 있도록 정책 현안을 연구하는 기관입니다.

본 연구단에서는 일본 화교 · 화인의 의식주생활, 정체성, 모국관계에 대한 조사 연구를 수행하고 있습니다. 응답해 주신 모든 내용과 개인 신상에 관한 사항은 통계법 제33조에 의거하여 연구목적으로만 사용될 것이며, 절대 비밀이 보장됩니다. 본 설문에는 정답이나 오답이 없으며, 한 문장이라도 응답하지 않으면 연구에 사용될 수 없습니다. 그러니 다소 시간이 걸리더라도 자신의 생각을 솔직하게 한 문항도 빠짐없이 답해주시기 바랍니다. 귀하의 성실한 답변은 일본 화교 · 화인의 삶의 질 향상을 위한 모국의 지원 정책 및 서비스 제공에 유용하게 사용될 것입니다. 바쁘시더라도 협조 부탁드립니다.

I. 귀하의 일반적 사항에 대한 질문입니다.

1. 성별	① 남성　② 여성
2. 연령	(만　　세)
3. 학력	① 초등학교　② 중학교　③ 고등학교　④ 3년제 전문대학교 ⑤ 4년제 대학교　⑥ 대학원　⑦ 무학　⑧ 기타 (　　　　)
4. 직업	① 전문직(교수, 의사, 변호사 등) ② 일반 전문직(기술자, 교원, 문화예술가 등) ③ 공무원　④ 사무직(회사원 등)　⑤ 판매직(도소매업 등) ⑥ 자영업　⑦ 서비스직(세탁소, 이발소, 미장원, 식당, 호텔, 여관 등) ⑧ 생산직(제조업, 운수업, 인쇄업 등) ⑨ 농업, 임업, 수산업, 축산업 등　⑩ 가정주부　⑪ 학생 ⑫ 기업 CEO　⑬ 기타 (　　　　)
5. 종교	① 기독교　② 천주교　③ 불교　④ 기타 (　　　　)
6. 국적	① 일본　② 중국　③ 대만　④ 기타 (　　　)
7. 체류자격	① 국적취득자　② 영주권자　③ 정주자 ④ 단기 체류자　⑤ 기타 (　　　　)
8. 세대 구분	① 1세(중국/대만 출생)　② 1.5세(부모따라 일본 이민) ③ 2세(부모 일본 출생)　④ 3세(조부모 일본 출생) ⑤ 4세(증조부모 일본 출생)　⑥ 기타 (　　　　)
9. 현 거주지명	(　　　　　　　)
10. 일본 거주 년수	(　　　　　　)년
11. 혼인상태	① 기혼　② 미혼　③ 이혼　④ 사별　⑤ 기타 (　　　　)
12. 배우자의 민족	① 화교·화인　② 일본인　③ 기타 (　　　　)
13. 자녀의 교육적 지지	① 일본 내 국제학교　② 화교학교　③ 일본학교　④ 기타 (　　　　)
14. 연 수입	① 200만 엔 이하　② 200~400만 엔　③ 400~600만 엔 ④ 600~800만 엔　⑤ 800~1000만 엔　⑥ 1000만 엔 이상 ⑦ 기타 (　　　　)
15. 중국/대만 방문 경험	① 있다　② 없다
16. 중국어 의사소통 수준	① 매우 못함　② 조금 못함　③ 보통　④ 조금 잘함　⑤ 매우 잘함
17. 일본어 의사소통 수준	① 매우 못함　② 조금 못함　③ 보통　④ 조금 잘함　⑤ 매우 잘함

Ⅱ. 다음은 의식주생활에 대한 질문입니다. 해당되는 곳에 ✓ 표시 해주세요.

1. 다음은 중국 전통의상(탕좡·치파오)에 대한 질문입니다. 해당되는 곳에 ✓ 표시하세요.

질문 항목	1=전혀 그렇지 않다. 2=그렇지 않다. 3=보통이다. 4=그렇다. 5=매우 그렇다.				
나는 탕좡·치파오가 화교·화인의 전통의상이라고 생각한다.	1	2	3	4	5
나는 탕좡·치파오에 대해 자부심을 갖고 있다.	1	2	3	4	5
나는 탕좡·치파오가 보기에는 좋으나 활동성 때문에 입고 다니기에 불편하다고 생각한다.	1	2	3	4	5
나는 탕좡·치파오가 시대에 뒤떨어져 보이므로 양장을 선호한다.	1	2	3	4	5
나는 자녀들이 탕좡·치파오를 입었으면 좋겠다고 생각한다.	1	2	3	4	5
나는 탕좡·치파오를 입고 싶어도 경제적인 이유로 탕좡·치파오를 입지 못한다.	1	2	3	4	5

2. 귀하의 가정에서 설 명절에 만들어서 먹는 음식은 무엇입니까?
   ① 교자   ② 만터우   ③ 춘권
   ④ 녠가오   ⑤ 일본 전통음식   ⑥ 기타 (   )

3. 귀하의 가정에서 추석 명절에 만들어서 먹는 음식은 무엇입니까?
   ① 웨빙   ② 구이화가오   ③ 소라
   ④ 만두   ⑤ 일본 전통음식   ⑥ 기타 (   )

4. 귀하의 가정에서 주로 먹는 음식은 무엇입니까?
   ① 일본음식   ② 중국음식   ③ 일본음식 + 중국음식
   ④ 기타 (   )

5. 귀하의 가정에서 결혼식/회갑/제사 등 행사에서 특별히 준비하는 음식은
   무엇입니까? (   )

6. 귀하는 현재 주거생활 환경에 대해 어느 정도 만족하고 있습니까?

질문 항목	1=전혀 그렇지 않다. 2=그렇지 않다. 3=보통이다. 4=그렇다. 5=매우 그렇다.				
주거시설의 비용	1	2	3	4	5
집 주변 청소 및 쓰레기 처리 상태	1	2	3	4	5
시장, 대형 마트 등 이용	1	2	3	4	5
각종 사회복지시설 이용	1	2	3	4	5
병원, 보건소 등 의료시설 이용 환경	1	2	3	4	5
주변 자연환경	1	2	3	4	5
치안, 범죄 등 안전 상태	1	2	3	4	5
미취학 자녀의 양육 환경	1	2	3	4	5
학교, 학원 등 교육 환경	1	2	3	4	5

7. 다음은 축제 문화에 대한 질문입니다. 해당되는 곳에 ✓ 표시 해주세요.

질문 항목	1=전혀 그렇지 않다. 2=그렇지 않다. 3=보통이다. 4=그렇다. 5=매우 그렇다.				
나는 화교·화인의 축제가 화교·화인의 이미지를 높여준다고 생각한다.	1	2	3	4	5
나는 화교·화인의 축제가 화교·화인의 자긍심을 높여준다고 생각한다.	1	2	3	4	5
나는 화교·화인의 축제가 다른 화교·화인들과 친근감을 맺게 해준다고 생각한다.	1	2	3	4	5
나는 화교·화인의 축제가 민족문화를 유지, 계승하는데 도움이 된다고 생각한다.	1	2	3	4	5
나는 화교·화인의 축제가 지역의 경제 발전에 도움이 된다고 생각한다.	1	2	3	4	5
나는 화교·화인의 축제가 일본인들과 관계를 개선시키는데 도움이 된다고 생각한다.	1	2	3	4	5
나는 화교·화인의 축제가 화교·화인에 대한 차별 의식을 해소하는데 도움이 된다고 생각한다.	1	2	3	4	5

나는 화교 · 화인의 축제가 중국과 일본 간의 관계를 개선시키는데 도움이 된다고 생각한다.	1	2	3	4	5
나는 화교 · 화인의 축제가 중국의 이미지를 높여준다고 생각한다.	1	2	3	4	5
나는 화교 · 화인의 축제가 중국의 제품 이미지를 높여준다고 생각한다.	1	2	3	4	5

III. 다중정체성에 관한 질문입니다. (해당사항 ✓표시)

1. 다음은 민족정체성에 대한 질문입니다. (해당사항 ✓표시)

질문항목	1=전혀 그렇지 않다. 2=그렇지 않다. 3=보통이다. 4=그렇다. 5=매우 그렇다.				
1. 나는 중국어로 글을 쓸 수 있다.	1	2	3	4	5
2. 나는 일상생활에서 중국어를 사용한다.	1	2	3	4	5
3. 나는 가족과 대화에서 중국어를 사용한다.	1	2	3	4	5
4. 나는 중국문화에 관심이 많다.	1	2	3	4	5
5. 나는 중국 전통명절(추석, 춘절, 단오)을 지키고 있다.	1	2	3	4	5
6. 나는 중국의 혼인전통풍습을 지키고 있다.	1	2	3	4	5
7. 나는 중국의 전통음식을 자주 먹는다.	1	2	3	4	5
8. 나는 화교 · 화인의 전통행사에 참여하고 있다.	1	2	3	4	5
9. 나는 화교·화인의 후손이라는 사실이 자랑스럽다.	1	2	3	4	5
10. 나는 화교 · 화인에게 친근감을 느낀다.	1	2	3	4	5
11. 나는 나의 화교 화인 배경에 대해 잘 안다	1	2	3	4	5
12. 나는 화교 · 화인의 역사, 전통, 관습 등에 대해 알려고 노력한다.	1	2	3	4	5
13. 나는 주로 화교 · 화인들로 구성된 조직체 또는 사회단체(협회, 동향회 등)에 적극 참여한다.	1	2	3	4	5
14. 나는 화교 · 화인에게 강한 소속감을 가지고 있다.	1	2	3	4	5
15. 나는 다른 사람에게 화교 · 화인의 역사와 문화에 대해 자주 이야기한다.	1	2	3	4	5
16. 나는 화교 · 화인의 전통과 문화가 보존, 계승되어야 한다고 생각한다.	1	2	3	4	5

2. 다음은 국민정체성에 대한 질문입니다. (해당사항 ✓표시)

질문항목	1=전혀 그렇지 않다. 2=그렇지 않다. 3=보통이다. 4=그렇다. 5=매우 그렇다.				
1. 나는 일본을 비하하는 기사를 보면 매우 기분 나쁘다.	1	2	3	4	5
2. 나는 일본에서 생활하는 것이 자랑스럽다.	1	2	3	4	5
3. 나는 일본으로 귀화하는 것이 기쁘다.	1	2	3	4	5
4. 나는 일본 지역사회에서 사회구성원으로 인정받는다.	1	2	3	4	5
5. 나는 일본의 이주민정책에 만족한다.	1	2	3	4	5
6. 나는 일본의 역사, 전통, 관습 등에 대해 알려고 노력한다.	1	2	3	4	5
7. 나는 일본의 역사와 문화에 대해 잘 안다.	1	2	3	4	5
8. 나는 일본에 대한 강한 소속감을 느낀다.	1	2	3	4	5
9. 나는 다른 사람에게 일본에 대해 자주 이야기 한다.	1	2	3	4	5
10. 나는 화교·화인들이 일본어를 배우고 사용해야 한다고 생각한다.	1	2	3	4	5

IV. 다음은 일본사회에서의 적응에 대한 질문입니다. (해당사항 ✓표시)

질문 항목	1=전혀 그렇지 않다. 2=그렇지 않다. 3=보통이다. 4=그렇다. 5=매우 그렇다.				
1. 나는 일본 현지 사람들과 오락, 취미생활, 쇼핑 등 여가활동을 함께 한다.	1	2	3	4	5
2. 나는 일본 현지 사람들과 어려울 때 서로 도움을 주고받고 있다.	1	2	3	4	5
3. 나는 일본 현지 사람들과 경조사가 생기면 서로 축하나 위로를 해준다.	1	2	3	4	5
4. 나는 취업이나 창업을 위해 실시되는 교육과 활동에 빠짐없이 참여한다.	1	2	3	4	5
5. 나는 자녀교육과 관련된 행사 및 모임에 빠짐없이 참여하고 있다.	1	2	3	4	5

6. 나는 자격증 취득이나 학력을 높이기 위한 활동에 적극적으로 참여하고 있다.	1	2	3	4	5
7. 나는 지역 봉사활동에 정기적으로 참여하고 있다.	1	2	3	4	5
8. 내가 살고 있는 지역의 사람들은 나를 지역주민으로 인정하고 있는 것 같다.	1	2	3	4	5
9. 내가 살고 있는 지역의 사람들은 나를 인격적으로 존중해준다.	1	2	3	4	5
10. 나는 내가 사는 지역의 문제에 대해 관심을 가지고 있다.	1	2	3	4	5
11. 나는 내가 살고 있는 지역에서 계속 살고 싶다.	1	2	3	4	5
12. 나는 내가 살고 있는 지역에 자부심을 느낀다.	1	2	3	4	5
13. 나는 내가 살고 있는 지역의 지리를 잘 알고 있다.	1	2	3	4	5
14. 나는 내가 사는 지역에 있는 병원, 보건소 등을 혼자서 이용할 수 있다.	1	2	3	4	5
15. 나는 내가 일본 문화를 배우듯 중국의 문화를 알리는 것도 중요하다고 생각한다.	1	2	3	4	5
16. 나는 두 나라(일본과 중국) 문화의 장점을 모두 살리면서 생활하고 있다.	1	2	3	4	5
17. 나는 두 나라 문화를 연결하기 위해 노력하고 있다.	1	2	3	4	5
18. 나는 일본 사람들과 진정한 친구가 될 수 있다고 생각한다.	1	2	3	4	5
19. 나는 중국에 대해 잘못된 정보를 가진 사람에게 제대로 알려주려고 노력한다.	1	2	3	4	5
20. 나는 두 나라의 문화적 차이를 비판하기보다는 이해하려는 태도가 중요하다고 생각한다.	1	2	3	4	5
21. 나는 내가 살고 있는 곳의 문화를 받아들이는 것은 당연하다고 생각한다.	1	2	3	4	5
22. 나는 내가 사는 지역의 생활풍습이나 생활양식에 익숙해져야 한다고 생각한다.	1	2	3	4	5

V. 다음은 일본사회 차별에 대한 질문입니다. (해당사항 √표시)

질문항목	1=전혀 그렇지 않다. 2=그렇지 않다. 3=보통이다. 4=그렇다. 5=매우 그렇다.				
1. 화교라는 이유로 나를 무시하는 말이나 심한 표현을 들은 적이 있다.	1	2	3	4	5
2. 화교를 비하하는 단어를 들은 적이 있다.	1	2	3	4	5
3. 나의 외모나 언어에 대해 사람들이 거부감을 갖거나 싫어하는 느낌을 받은 적이 있다.	1	2	3	4	5
4. 내가 화교이기 때문에 잘 말하지도, 잘 듣지도 못하는 식의 대우를 받은 적이 있다.	1	2	3	4	5
5. 내가 화교이기 때문에 아플 때 의사나 주변 사람이 대수롭지 않게 생각한 적이 있다.	1	2	3	4	5
6. 화교라는 이유로 다른 사람이 내가 하는 말이나 행동을 못 미더워 한 적이 있다.	1	2	3	4	5
7. 화교라는 이유로 내가 궁금해 하는 것을 모른 척 하거나, '몰라도 된다'며 대답해주지 않은 적이 있다.	1	2	3	4	5
8. 내가 할 수 있는 일인데도 화교라는 이유로 제대로 하지 못할 것으로 여겨 부탁내지 요청받지 못한 적이 있다.	1	2	3	4	5
9. 화교·화인이라는 이유로 의사결정과정에서 내 의견이 무시당하거나 배제된 적이 있다.	1	2	3	4	5
10. 화교·화인이라는 이유로 내가 식당, 커피숍, 편의점 등에 들어가면 주인이 무관심하거나 불편해 한 적이 있다.	1	2	3	4	5
11. 화교라는 이유로 같은 일본인에게 무시당하거나 무안을 당한 적이 있다.	1	2	3	4	5
12. 화교가 할 수 있는 마땅한 일자리를 찾기가 어렵다.	1	2	3	4	5
13. 화교는 능력에 상관없이 적절한 대우를 받지 못한다.	1	2	3	4	5
14. 화교들이 즐길만한 문화, 여가시설이나 프로그램이 부족하다.	1	2	3	4	5
15. 화교들이 필요로 하는 정보를 쉽게 얻을 수 없거나 이해하기 어렵다.	1	2	3	4	5
16. 일상생활에서 문화, 예절의 차이로 차별을 경험한 적이 있다.	1	2	3	4	5

VI. 중국과 일본과의 관계(모국관계)에 대한 질문입니다. (해당사항 ✓표시)

1. 중국(대만)에 가족이나 친척이 있습니까?

   ① 아니오　　　　② 예

2. 귀하는 중국(대만)에 대해 어느 정도 친밀하다고 생각하십니까?

   ① 매우 멀다　　② 멀다　　　　③ 보통
   ④ 가깝다　　　　⑤ 매우 가깝다

3. 귀하는 아래 어떤 방식으로 중국(대만에 있는) 친인척과 연락합니까?

   ① 전화　　　　　② 메일　　　　③ 인터넷
   ④ SNS　　　　　⑤ 방문　　　　⑥ 기타

4. 지난 1년 동안 중국(대만)의 친척이나 친구들과 접촉(전화, 메일, 방문)은 어느 정도입니까?

   ① 1~5회　　　　② 한 달에 1~2회　　③ 일주일간 1회
   ④ 매일 1회　　　⑤ 없음　　　　　　⑥ 기타

5. 중국(대만)은 5년에 어느 정도 자주 방문하십니까?

   ① 1년에 2~3회　　② 2~3년에 1회　　③ 매년 1회
   ④ 필요할 때 자주 방문　　　　　　⑤ 거의 없음

6. 귀하는 자신의 정체성이 어디에 가깝다고 생각합니까?

   ① 화교 · 화인　　　　② 일본
   ③ 중국　　　　　　　④ 대만
   ⑤ 화교 · 화인 + 중국
   ⑥ 화교 · 화인 + 대만
   ⑦ 화교 · 화인 + 일본
   ⑧ 잘 모름

7. 다음은 중국(대만)과의 연계에 관한 질문입니다. (해당사항 √표시)

질문사항	1=전혀 그렇지 않다. 2=그렇지 않다. 3=보통이다. 4=그렇다. 5=매우 그렇다.				
1. 중국(대만) 단체나 조직의 프로그램에 자녀를 보낸 적이 있다.	1	2	3	4	5
2. 중국(대만) 단체나 조직의 모임에서 적극 활동하고 있다.	1	2	3	4	5
3. 중국(대만) 선거에 투표한 적이 있다.	1	2	3	4	5
4. 중국(대만) 정치정당이나 단체와 관여하거나 활동한 적이 있다.	1	2	3	4	5
5. 중국(대만) TV드라마나 영화를 자주 보고 있다.	1	2	3	4	5
6. 중국(대만) 관련 축제, 문화활동에 적극 참여하고 있다.	1	2	3	4	5
7. 중국(대만) 신문, 잡지, 인터넷사이트 등을 보고 있다.	1	2	3	4	5
8. 중국(대만) 가족이나 친척에게 송금이나 선물을 보낸 적이 있다.	1	2	3	4	5
9. 중국(대만) 가족이나 친척으로부터 송금이나 선물을 받았다.	1	2	3	4	5
10. 향후 중국(대만)에 귀국하여 생활하고 싶다.	1	2	3	4	5
11. 일본에 정착하여 계속 거주할 예정이다.	1	2	3	4	5

설문조사에 협력해주셔서 대단히 감사합니다.

关于日本华侨华人日常生活、
自我认同、祖籍国关系的问卷调查

编号			

您好!

韩国全南大学世界韩商文化研究团是研究世界各地华侨华人迁移,定居等问题的研究机构。

此问卷是调查日本华侨华人的衣食住行日常生活,认同感及与祖籍国关系的问卷。根据统计法第33条规定我们一定会保障您的个人信息安全,不会泄漏您的姓名,身份等。

本问卷答案无正误之分,但若其中一项无应答该问卷将失去其研究价值,所以希望您能如实并完整答题,在此感谢您的参与和对我们科研的支持!

I. 下列是与您的个人情况有关的问题, 请在相应栏内打"✓"。

1. 性别	① 男 ② 女
2. 年龄	(满 岁)
3. 学历	① 小学 ② 中学 ③ 高中 ④ 专科 ⑤ 本科 ⑥ 研究生 ⑦ 无学历 ⑧ 其他 ( )
4. 职业	① 专业人士(教授、医生、律师等) ② 一般专业人士 (技师,教师,艺术家 等) ③ 公务员 ④ 行政(公司职员 等) ⑤ 销售(批发零售 等) ⑥ 个体户 ⑦ 服务业(洗衣店, 理发店, 美容店, 饭店, 宾馆, 旅馆 等) ⑧ 生产业(制造业, 运输, 印刷 等) ⑨ 农业,林业,水产, 畜牧业等 ⑩ 家庭主妇 ⑪ 学生 ⑫ 企业CEO ⑬ 其他 ( )
5. 宗教	① 基督教 ② 天主教 ③ 佛教 ④ 其他 ( )
6. 国籍	① 日本 ② 中国 ③ 台湾 ④ 其他 ( )
7. 滞留资格	① 取得国籍 ② 获得永驻权 ③ 定居 ④ 短期滞留 ⑤ 其他 ( )
8. 第几代移民	① 第1代(中国/台湾出生) ② 1.5代(随父母移民) ③ 2代(父母在日本出生) ④ 3代(祖父母在日本出生) ⑤ 4代(曾祖父母在日本出生) ⑥ 其他 ( )
9. 现居住地	( )
10. 日本定居时间	( )年
11. 婚姻状况	① 已婚 ② 未婚 ③ 离异 ④ 其他 ( )
12. 配偶的民族	① 华侨/华人 ② 日本人 ③ 其他 ( )
13. 子女教育	① 日本国内的国际学校 ② 华侨学校 ③ 日本学校 ④ 其他 ( )
14. 年收入	① 200万日元以下 ② 200~400万日元 ③ 400~600万日元 ④ 600~800万日元 ⑤ 800~1000万日元 ⑥ 1000万以上 ⑦ 其他 ( )
15. 去过中国/台湾	① 有 ② 无
16. 汉语水平	① 非常不好 ② 较差 ③ 普通 ④ 较好 ⑤ 很好
17. 日语水平	① 非常不好 ② 较差 ③ 普通 ④ 较好 ⑤ 很好

II. 以下是关于您衣食住行日常生活的问题. 请在相应栏内打"✓"。

1. 关于中国传统服饰(唐装、旗袍)

问 题	1=完全不是. 2=不是. 3=一般. 4=是. 5=肯定是.				
我认为唐装、旗袍是华侨华人的传统服饰。	1	2	3	4	5
我以穿唐装、旗袍为荣。	1	2	3	4	5
我认为唐装、旗袍样式漂亮，但行动不便。	1	2	3	4	5
我觉得唐装、旗袍已经过时，更喜欢西服。	1	2	3	4	5
我希望子女穿唐装、旗袍。	1	2	3	4	5
我喜欢唐装、旗袍，但由于经济原因不能经常穿。	1	2	3	4	5

2. 过年时, 您家中做什么节令食品吃? 请打在相应处打"✓".

　　①饺子　　　　　②馒头　　　　　③春卷

　　④年糕　　　　　⑤日本传统食品　　⑥其他(　　　　)

3. 中秋节, 您家中做什么节令食品吃? 请打在相应处打"✓".

　　①月饼　　　　　②桂花糕　　　　　③田螺

　　④包子　　　　　⑤日本传统食品　　⑥其他(　　　　)

4. 您家中的饮食主要是?

　　①日本饮食　　　②中国饮食　　　　③中日饮食

　　④其他(　　　　)

5. 婚庆/祝寿/祭祀时特别准备的饮食是什么?

　　(　　　　　　　　　　　　　　　　　　　　　　　　　)

6. 您对现在居住的环境满意吗?

问 题	1=完全不是. 2=不是. 3=一般 4=是. 5=肯定是				
居住设施的费用	1	2	3	4	5
住所周边清扫及垃圾处理状况	1	2	3	4	5
市场, 大型商场等配置	1	2	3	4	5
各种社会福利设施配置	1	2	3	4	5
医院, 保健所等医疗设施环境	1	2	3	4	5
周边自然环境	1	2	3	4	5
治安等安全状况	1	2	3	4	5
未入学子女的育儿环境	1	2	3	4	5
学校, 辅导班等教育环境	1	2	3	4	5

7. 关于节日文化, 请打在相应处打"✓".

问 题	1=完全不是. 2=不是. 3=一般. 4=是. 5=肯定是.				
我认为华侨华人的节庆活动提升了华侨华人的形象。	1	2	3	4	5
我认为华人华侨的节庆活动提高了华侨华人的自信心。	1	2	3	4	5
我认为华侨华人的节庆拉近了华侨华人间的距离。	1	2	3	4	5
我认为华侨华人的节庆有助于民族文化的传承发扬。	1	2	3	4	5
我认为华侨华人的节庆有助于促进地区经济发展。	1	2	3	4	5
我认为华侨华人的节庆有助于改善同日本人的关系。	1	2	3	4	5
我认为华侨华人的节庆有助于消除对华侨华人的歧视观念。	1	2	3	4	5
我认为华侨华人的节庆有助于改善中日两国关系。	1	2	3	4	5
我认为华侨华人的节庆有助于提升中国形象。	1	2	3	4	5
我认为华人华侨的节庆有助于提升中国产品的形象。	1	2	3	4	5

III. 关于多种认同, 请打在相应处打"✓".

1. 关于民族认同

问 题	1=完全不是. 2=不是. 3=一般. 4=是. 5=肯定是.				
1. 我能用中文写文章。	1	2	3	4	5
2. 我在日常生活中使用中文。	1	2	3	4	5
3. 我与家人用中文沟通。	1	2	3	4	5
4. 我喜欢中国文化。	1	2	3	4	5
5. 我过中国节日(中秋, 春节, 端午)。	1	2	3	4	5
6. 我坚持中国的婚俗习惯。	1	2	3	4	5
7. 我经常吃中国传统饮食。	1	2	3	4	5
8. 我参与华侨华人的传统活动。	1	2	3	4	5
9. 作为华人的后代, 我很自豪。	1	2	3	4	5
10. 我对华侨华人有亲近感。	1	2	3	4	5
11. 我很了解华侨华人的历史背景。	1	2	3	4	5
12. 我努力了解华侨华人的历史、传统、习俗等。	1	2	3	4	5
13. 我积极参加由华侨华人建立的组织或社会团体(协会, 同乡会等)	1	2	3	4	5
14. 我对华侨华人有强烈的归属感。	1	2	3	4	5
15. 我经常向人介绍华侨华人的历史及文化。	1	2	3	4	5
16. 我认为要传承华侨华人的传统文化。	1	2	3	4	5

2. 关于国民认同。

问 题	1=完全不是. 2=不是. 3=一般. 4=是. 5=肯定是.				
1. 我看到贬低日本的言论时会非常生气。	1	2	3	4	5
2. 我以在日本生活为荣。	1	2	3	4	5
3. 我高兴加入日本国籍。	1	2	3	4	5
4. 作为日本社会的一名成员, 我得到当地社会的认证。	1	2	3	4	5

问 题					
5. 我对日本移民政策满意。	1	2	3	4	5
6. 我努力学习日本历史，传统习俗等。	1	2	3	4	5
7. 我熟知日本历史及文化。	1	2	3	4	5
8. 我对日本有强烈的归属感。	1	2	3	4	5
9. 我经常向别人介绍日本。	1	2	3	4	5
10. 我认为华人华侨应学习并使用日语。	1	2	3	4	5

IV. 关于对日本社会的适应问题, 请打在相应处打"✓".

问 题	1=完全不是. 2=不是. 3=一般. 4=是. 5=肯定是.				
1. 我经常与日本当地人在一起聚会、逛街购物、享受生活。	1	2	3	4	5
2. 我与日本当地人在困难时互相帮助。	1	2	3	4	5
3. 我经常参加日本当地人的婚礼/丧礼。	1	2	3	4	5
4. 我经常参加就业或创业培训。	1	2	3	4	5
5. 我每次都参加与子女培训相关的活动。	1	2	3	4	5
6. 为了取得资格证或者提高学历，我积极参加相关活动。	1	2	3	4	5
7. 我定期参加志愿者活动。	1	2	3	4	5
8. 社区的里的人把我当作他们中的一员。	1	2	3	4	5
9. 社区里的人都非常尊重我。	1	2	3	4	5
10. 我非常关注我所在社区的相关问题。	1	2	3	4	5
11. 我想继续在日本生活。	1	2	3	4	5
12. 生活在日本我觉得很自豪。	1	2	3	4	5
13. 我非常了解我现在的居住环境。	1	2	3	4	5
14. 我能非常自如的去医院或者保健所就医。	1	2	3	4	5
15. 我认为学习中国文化，跟学习日本文化同样重要。	1	2	3	4	5
16. 我在生活中融合了两国(日本和中国)文化。	1	2	3	4	5
17. 我一直努力连接两国文化。	1	2	3	4	5

18. 我觉得我能与日本人成为真正的朋友。	1	2	3	4	5
19. 我一直在努力排解一般人对中国的误解。	1	2	3	4	5
20. 我觉得不应批判两国之间的文化差异，而应该努力理解并融合两国文化。	1	2	3	4	5
21. 我认为华人应该积极融入当地社会，积极接受当地文化。	1	2	3	4	5
22. 我认为华人应该熟悉当地的风土人情和生活习惯。	1	2	3	4	5

V. 关于日本社会对华人的歧视问题, 请打在相应处打"✓".

问题	1=完全不是. 2=不是. 3=一般. 4=是. 5=肯定是.				
1. 因华人身份受到歧视或者排挤。	1	2	3	4	5
2. 曾听过贬低华人的言论。	1	2	3	4	5
3. 因外表或者语言上的差异被排挤。	1	2	3	4	5
4. 因华人身份, 周边的人认为我做事、说话能力不足。	1	2	3	4	5
5. 因华人身份, 在生病时别人对我缺乏关爱。	1	2	3	4	5
6. 因华人身份, 周边的人对我缺乏信任。	1	2	3	4	5
7. 因华人身份, 对我的疑问大家都置之不理, 或者认为"我没必要知道"。	1	2	3	4	5
8. 即使我能够完成任务, 但因华人身份, 大家对我缺乏信任。	1	2	3	4	5
9. 因华人身份, 大家不采纳我的意见。	1	2	3	4	5
10. 因华人身份, 在饭店、咖啡厅、便利店等被老板歧视。	1	2	3	4	5
11. 因华人身份, 被日本当地人歧视。	1	2	3	4	5
12. 华人很难找到适当的工作。	1	2	3	4	5
13. 不管华人能力如何, 都无法受到公平的对待。	1	2	3	4	5
14. 与华人相关的文化、休闲娱乐设施匮乏。	1	2	3	4	5
15. 无法收集对华人有利的信息。	1	2	3	4	5
16. 在日常生活中因文化、礼仪上的差异受到歧视。	1	2	3	4	5

VI. 关于与中国及日本的关系, 请打在相应处打"✓".

1. 在中国(台湾)有亲人或亲戚吗?
   ① 没有　　　　　　② 有

2. 您与中国(台湾)的亲密程度?
   ① 很遥远　　　　　② 遥远　　　　　③ 一般
   ④ 亲密　　　　　　⑤ 很亲密

3. 您通过下列哪些方式接触中国(台湾)的亲戚朋友?
   ① 电话　　　　　　② 邮件　　　　　③ 上网
   ④ SNS　　　　　　⑤ 直接见面　　　⑥ 其他

4. 过去1年, 您与中国(台湾)的亲属或朋友接触(电话, 邮件, 探访)频繁度?
   ① 1~5次　　　　　② 每月1~2次　　③ 一周1次
   ④ 每天1次　　　　⑤ 没有　　　　　⑥ 其他

5. 过去5年, 访问中国(台湾)的次数?
   ① 1年2~3次　　　② 2~3年1次　　③ 每年1次
   ④ 必要时经常　　　⑤ 几乎没有

6. 关于自我认同, 您认为自己的属性更接近于以下哪个?
   ① 华侨华人　　　　② 日本　　　　　③ 中国
   ④ 台湾　　　　　　⑤ 华人华侨+中国　⑥ 华人华侨+台湾
   ⑦ 华人华侨+日本　⑧ 不知道

7. 关于与中国(台湾)的关系

问题	1=完全不是. 2=不是. 3=一般. 4=是. 5=肯定是.				
让子女参与过中国(台湾)团体的项目活动。	1	2	3	4	5
积极参与中国(台湾)团体或组织的项目活动。.	1	2	3	4	5
参与中国(台湾)选举时的投票。	1	2	3	4	5
参与中国(台湾)政党或团体。	1	2	3	4	5
经常观看中国(台湾)电视剧或电影。	1	2	3	4	5
积极参与中国(台湾)相关节庆，文化活动等。	1	2	3	4	5
浏览中国(台湾)报纸，杂志，网页等。	1	2	3	4	5
曾为中国(台湾)亲属汇款或寄送过钱物。	1	2	3	4	5
曾收到中国(台湾)亲属的汇款或寄送的钱物。	1	2	3	4	5
希望以后能回中国(台湾)生活。	1	2	3	4	5
计划继续定居日本。	1	2	3	4	5

非常感谢您的帮助！

日本華僑・華人の衣食住生活，
アイデンティティ，母国関係に関する調査票

番号			

　韓国全南大学の世界韓商文化研究団は、世界各国に生活している在外外国人の移住、定着、文化生活、企業活動などを調査し、国家政策に反映されるよう政策懸案を研究する機関です。本研究団では、今回日本華僑・華人の衣食住生活、アイデンティティ、母国との関係に対する調査研究を実施しております。調査内容と個人のプライバシーに関する項目は、統計法第33条に基づいて研究目的に限って使用されますし、絶対秘密が保障されます。したがって、ご自分の考えや意見を率直にお答えください。

　あなたの誠実な応答は日本華僑・華人生活の向上のための母国支援政策及びサービス提供に大事に反映されます。お忙しいところ、大変申し訳ありませんが、どうかご協力よろしくお願い申し上げます。

I. あなたについての質問です。(該当する事項に✓で表示)

1. 性別	① 男性　② 女性
2. 年齢	(満　　才)
3. 学歴	① 小学校　② 中学校　③ 高校　④ 短期大学　⑤ 4年制大学 ⑥ 大学院　⑦ 無学　⑧ その他 (　　　)
4. 職業	① 専門職(教授, 医者, 弁護士等) ② 一般専門職(技術者, 教員, 文化芸術人等) ③ 公務員　④ 事務職(会社員等)　⑤ 販売職(小売業 等) ⑥ サービス職 (洗濯, 床屋, 美容員, 食堂, ホテル, 旅館 等) ⑦ 生産職(製造業, 運輸業, 印刷業 等) ⑧ 農業, 林業, 水産業, 畜産業等 ⑨ 専業主婦　⑩ 大学生　⑪ 企業 CEO ⑫ 自営業　⑬ その他 (　　　)
5. 宗教	① キリスト教　② カトリック　③ 仏教　④ その他 (　　　)
6. 国籍	① 日本　② 中国　③ 台湾　④ その他 (　　　)
7. 法的地位	① 国籍取得者　② 永住者　③ 定住者　④ 短期滞在者 ⑤ その他 (　　　)
8. 世代	① 1世(中国·台湾生まれ)　② 1.5世(両親と共に移民) ③ 2世(両親が日本生まれ)　④ 3世(祖父母 日本生まれ) ⑤ 4世(高祖父母日本生まれ)　⑥ その他 (　　　)
9. 現住所及び移住年度	現住所(　　　) / 現住所への移住年度(　　　)
10. 日本居住年度	(　　　　年)
11. 婚姻状態	① 既婚　② 未婚　③ 離婚　④ 死別　⑤ その他 (　　　)
12. 配偶者の国籍	① 華僑·華人　② 日本人　③ その他 (　　　)
13. 子供の教育的支持	① 日本内国際学校　② 華僑学校　③ 日本学校 ④ その他 (　　　)
14. 年収入	① 200万円以下　② 200~400万円　③ 400~600万円 ④ 600~800万円　⑤ 800~1000万円　⑥ 1000万円以上 ⑦ その他 (　　　)
15. 中国/台湾訪問経験	① 有る　② ない
16. 中国語実力	① できない　② 少しだけ　③ 普通　④ できる　⑤ 上手
17. 日本語実力	① できない　② 少しだけ　③ 普通　④ できる　⑤ 上手

II. 次は衣食住生活に関する質問です。(該当する事項に✓で表示)

1. まず中国伝統衣装(唐装、旗袍)に関する質問です。

質問項目	1全くそうではない 2そうである 3たまにそうである 4よくそうである 5いつもそうである				
私は唐装、旗袍が華僑・華人の伝統衣装だと思う。	1	2	3	4	5
私は唐装、旗袍に対してプライドを持っている。	1	2	3	4	5
私は唐装、旗袍が美しいが、来て出かけるのが不便だと思う。	1	2	3	4	5
私は唐装、旗袍が時代遅れだと思うので、背広を好む。	1	2	3	4	5
私は子供たちが唐装、旗袍を来てほしいと思う。	1	2	3	4	5
私は経済的な余裕がないので唐装、旗袍が着れない。	1	2	3	4	5

2. 貴下の家庭で正月の時作って食べるものは何ですか。(該当する事項に✓で表示)

① 饺子　　　　　②馒头　　　　　③春卷
④年糕　　　　　⑤日本伝統食べ物　⑥ その他(　　　　　)

3. 貴下の家庭でお盆の時作って食べるものは何ですか。(該当する事項に✓で表示)

①月饼　　　　　②桂花糕　　　　③田螺
④包子　　　　　⑤日本伝統衣食　⑤その他(　　　　　)

4. 貴下の家庭で日常生活の中で食べているものは何ですか?

①日本食べ物
②中国食べ物
③日本食べ物 + 中国食べ物
④その他(　　　　　)

5. 貴下の家庭では結婚式・還暦・祭祀の日に特別に準備する食べ物は何ですか。

( )

6. あなたは現在住居生活環境にはどのくらい満足していますか?

質問項目	大変 不満足 ←		普通		大変 満足 →
住居費用(家賃など)	1	2	3	4	5
住宅周辺の掃除及びごみの状態	1	2	3	4	5
伝統市場, 大型マートなどご利用与件	1	2	3	4	5
各種社会福祉施設の状態	1	2	3	4	5
病院, 保健所など医療施設の利用与件	1	2	3	4	5
周辺自然環境	1	2	3	4	5
治安, 犯罪など安全有無	1	2	3	4	5
未就学子女の養育環境	1	2	3	4	5
学校, 学院など教育環境	1	2	3	4	5

7. 次は祭り文化に関する質問です。(該当する事項に✓で表示)

質問項目	大変 不満足 ←		普通		大変 満足 →
私は華僑・華人の祭りが朝鮮族のイメージを高めていると思う。	1	2	3	4	5
私は華僑・華人の祭りが華僑・華人のプライドを高めていると思う。	1	2	3	4	5
私は華僑・華人の祭りが同族間で親しさを感じさせると思う。	1	2	3	4	5
私は華僑・華人の祭りが民族文化を維持, 継承するのに役立つと思う。	1	2	3	4	5
私は華僑・華人の祭りが地域の経済発展に役立つと思う。	1	2	3	4	5

	大変不満足		普通		大変満足
私は華僑・華人の祭りが日本人との関係改善に役立つと思う。	1	2	3	4	5
私は華人の祭りが華人に対する差別意識を解消するのに役立つと思う。	1	2	3	4	5
私は華僑・華人の祭りが中国と日本との関係改善に役立つと思う。	1	2	3	4	5
私は華僑・華人のの祭りが中国のイメージを高めると思う。	1	2	3	4	5
私は華僑・華人の祭りが中国製品のイメージを高めると思う。	1	2	3	4	5

III. マルチーアイデンティティに関する質問です。 (該当する事項に✓で表示)

1. 次はエスニック・アイデンティティに関する質問です。

質問項目	大変不満足 ←		普通		大変満足 →
1. 私は中国語を書ける。	1	2	3	4	5
2. 私は日常生活で中国語を使う。	1	2	3	4	5
3. 私は家族との対話で中国語を使う。	1	2	3	4	5
4. 私は中国の文化に関心が多い。	1	2	3	4	5
5. 私は中国の伝統節句(秋夕、春節、端午)の風習を守っている。	1	2	3	4	5
6. 私は中国の結婚風習を守っている。	1	2	3	4	5
7. 私は中国の伝統料理を好んで食べている。	1	2	3	4	5
8. 私は華僑・華人の伝統行事に積極的に参加している。	1	2	3	4	5
9. 私は華僑・華人の子孫であるという事実にプライドを感じる。	1	2	3	4	5
10. 私は華僑・華人に親近感を感じる。	1	2	3	4	5

質問項目					
11. 私は華僑・華人の歴史的背景に詳しい。	1	2	3	4	5
12. 私は華僑・華人の歴史、伝統、風習などを勉強している。	1	2	3	4	5
13. 私は主に華僑・華人で構成される組織、もしくは社会団体(協会、同郷会など)に積極的に参加している。	1	2	3	4	5
14. 私は華僑・華人に強い所属感を持っている。	1	2	3	4	5
15. 私は知り合いの同士と華僑・華人の歴史や文化に対し、常に話し合っている。	1	2	3	4	5
16. 私は華僑・華人の伝統文化が保存、継承されるべきだと思う。	1	2	3	4	5

2. 次は国民アイデンティティ関する質問です。(該当する事項に✓で表示)

質問項目	大変不満足		普通		大変満足
1. 私は日本に対する蔑視や批判発言に対し、大変望ましくないと思う。	1	2	3	4	5
2. 私は日本で生活するのにプライドを持っている。	1	2	3	4	5
3. 私は日本国籍で帰化するのがうれしい。	1	2	3	4	5
4. 私は日本の地域社会での社会構成員として受け入れられている。	1	2	3	4	5
5. 私は日本政府の移民政策に満足している。	1	2	3	4	5
6. 私は日本の歴史、伝統、風習などについて勉強している。	1	2	3	4	5
7. 私は日本の歴史と文化に詳しい。	1	2	3	4	5
8. 私は日本に対して強い所属感を感じる。	1	2	3	4	5
9. 私は知り合いに日本のことをしょっちゅう話している。	1	2	3	4	5
10. 私は華僑・華人たちはみんな日本語を学び、使うべきだと思う。	1	2	3	4	5

IV. 次は日本社会の適応に関する質問です。 (該当する事項に✓で表示)

質問項目	大変 不満足 ←		普通		大変 満足 →
1. 私は周辺の日本人と娯楽、趣味生活、ショッピング等を共にする。	1	2	3	4	5
2. 私は周辺の日本人と日常生活の中でお互いに助け合ったりする。	1	2	3	4	5
3. 私は周辺の日本人とお互いにお祝いしたりする。	1	2	3	4	5
4. 私は就職や起業のため実施される教育と活動にいつも参加している。	1	2	3	4	5
5. 私は子どもの教育に関連する行事と集会に常に参加している。	1	2	3	4	5
6. 私は資格取得や学歴を高めるため多様な活動に積極的に参加している。	1	2	3	4	5
7. 私は地域奉仕活動に定期的に参加している。	1	2	3	4	5
8. 私が居住している地域の人々は私を地域住民として受け入れている。	1	2	3	4	5
9. 私が居住している地域の人々は私を人格的に尊重している。	1	2	3	4	5
10. 私は私が住んでいる地域の問題に関心を持っている。	1	2	3	4	5
11. 私は私が住んでいる地域でずっと住みたい。	1	2	3	4	5
12. 私は私が住んでいる地域にプライドを感じる。	1	2	3	4	5
13. 私は私が住んでいる地域の地理をよく知っている。	1	2	3	4	5
14. 私は私が住んでいる地域にある病院、保健所などを一人で利用できる。	1	2	3	4	5
15. 私は私が日本文化を習ったように中国の文化を知らせるのも重要であると思う。	1	2	3	4	5
16. 私は二つの国(日本と中国)の文化の長所をすべて生かして生活している。	1	2	3	4	5
17. 私は二つの国の文化を繋げるため努力している。	1	2	3	4	5

18. 私は日本人と真実な友だちになれると思う。	1	2	3	4	5
19. 私は中国に対する誤解された情報を持っている人々に正しく知らせると努力している。	1	2	3	4	5
20. 私は二つの国の文化的な差を批判するよりお互いに理解しようとする態度が重要であると思う。	1	2	3	4	5
21. 私は私が住んでいる地域の文化を受け入れるのは当然だと思う。	1	2	3	4	5
22. 私は私が住んでいる地域の生活習慣と文化様式に慣れるべきだと思う。	1	2	3	4	5

V. 次は日本社会の差別に関する質問です。 (該当する事項に✓で表示)

質問項目	大変不満足 ←		普通		大変満足 →
1. 華僑だという理由で私を無視した発言や酷い表現を使われたことがある。	1	2	3	4	5
2. 華僑を侮辱する言葉を言われたことがある。	1	2	3	4	5
3. 私の外見や使用する言語に対して、他の人が拒否感を持ったり嫌がったりしていると感じたことがある。	1	2	3	4	5
4. 私が華僑であるため、上手く話すことも聞き取ることもできないというような扱いを受けたことがある。	1	2	3	4	5
5. 私が華僑であるため、体の具合が悪い時に医者や周りの人々に大したことではないと思われたことがある。	1	2	3	4	5
6. 華僑であるという理由で、他の人が私の話や行動を信じてくれなかったことがある。	1	2	3	4	5
7. 華僑であるという理由で、他の人が私が知りたいことを知らないふりをしたり、「知らなくてもいい。」と言って教えてくれなかったことがある。	1	2	3	4	5

8. 私ができる仕事であるにも関わらず、華僑だという理由でしっかりできないだろうと考え、お願いや要請を受けられなかったことがある。	1	2	3	4	5
9. 華僑・華人であるという理由で、意思決定過程において私の意見が無視されたり、排除されたことがある。	1	2	3	4	5
10. 華僑・華人であるという理由で、私が食堂、カフェ、コンビニエンスストアーなどに入ると店主が関心を示さなかったり、不快そうにしていたことがある。	1	2	3	4	5
11. 華僑であるといういう理由で、同じ在日外国人や日本人に無視されたことがある。	1	2	3	4	5
12. 華僑が働くことのできる適当な職場を探すのが難しい。	1	2	3	4	5
13. 華僑は能力に関係なく適切な待遇を受けられない。	1	2	3	4	5
14. 華僑が楽しむことのできる文化・余暇施設やプログラムが不足している。	1	2	3	4	5
15. 華僑が必要とする情報を得ることや理解することが難しい。	1	2	3	4	5
16. 日常生活で、文化、マナーの違いにより差別を経験したことがある。	1	2	3	4	5

VI. 中国と日本との関係(母国関係)に関する質問です。(該当する事項に✓で表示)

1. 中国(台湾)に家族や親戚がいますか？

   ①いいえ。　　　　②はい。

2. あなたは中国(台湾)について親しいと思いますか。

   ①とても遠い　　　②遠い　　　　　③普通
   ④近い　　　　　　⑤とても近い

3. あなたは どの方法で中国(台湾)の親戚と連絡していますか。

　　① 電話　　　　　　② メール　　　　　　③ インターネット

　　④ SNS　　　　　　⑤ 訪問　　　　　　　⑥ その他（　　　）

4. 去年1年の間中国(台湾)の親戚や友だちとの接触(電話、メール、訪問)はどのぐらいですか。

　　① 1~5回　　　　　② 1ヶ月 1~2回　　　③ 1週間 1回

　　④ 毎日 1回　　　　⑤ 無し　　　　　　　⑥ その他（　　　）

5. 中国(台湾)は5年の間どれぐらい訪問しましたか。

　　① 1年 2~3回　　　② 2~3年で 1回　　　③ 毎年 1回

　　④ 必要な時訪問　　⑤ ほとんど無し

6. あなたはご自分のアイデンティティが次のどれに近いと思いますか。

　　① 華僑・華人

　　② 日本

　　③ 中国

　　④ 台湾

　　⑤ 華僑・華人+中国

　　⑥ 華僑・華人+台湾

　　⑦ 華僑・華人＋日本

　　⑧ わからない

7. 次は中国(台湾)とのつながりに関する質問です。(該当する事項に✓で表示)

質問項目	大変不満足 ←		普通		大変満足 →
1. 中国(台湾)団体や組織のプログラムに子どもを参加させたことがある。	1	2	3	4	5
2. 中国(台湾)団体や組織の集会に積極的に活動している。	1	2	3	4	5

3. 中国(台湾)選挙に投票したことがある。	1	2	3	4	5
4. 中国(台湾)政治政党や団体と関連した活動をしたことがある。	1	2	3	4	5
5. 中国(台湾)TVドラマや映画をよく見る。	1	2	3	4	5
6. 中国(台湾)関連祭り、文化活動に積極的に参加している。	1	2	3	4	5
7. 中国(台湾)新聞、雑誌、インターネットサイトなどを見る。	1	2	3	4	5
8. 中国(台湾)家族や親戚に送金したり、プレゼントを送ったりしたことがある。	1	2	3	4	5
9. 中国(台湾)家族や親戚から送金やプレゼントを送ってもらったことがある。	1	2	3	4	5
10. 今後中国(台湾)に帰国して生活したい。	1	2	3	4	5
11. 今後日本に定着して生活する予定である。	1	2	3	4	5

アンケート調査にご協力いただきまして、誠にありがとうございます。

┃참고문헌┃

김경학 외(2005),『귀화의 신화: 해외 인도인의 이주와 정착』, 서울: 경인문화사.

김병인(2004),『역사의 지역축제적 재해석』, 민속원.

김혜련(2014), "인도네시아와 말레이시아 화인디아스포라의 현지사회 정착과 화인정책 비교",『평화학연구』제15권 5호.

_____(2015a), "일본 화교 · 화인 현지사회 적응에서 화교학교의 역할",『평화학연구』제16권 4호.

_____(2015b), "말레이시아 화인 디아스포라의 모국관계 연구",『민족연구』제61호.

_____(2016a), "일본 요코하마 차이나타운의 모국 상징기제 연구",『동북아문화연구』제46집.

_____(2016b), "일본 화교 · 화인의 민족정체성 조사 연구",『중국학』제55집.

김혜련 · 여병창(2012), "한국화교의 디아스포라적 다중정체성 고찰",『국제언어문학』제25호.

김혜련 · 리단(2014), "갈등과 융합: 인도네시아 화인 디아스포라의 현지적응 연구",『동북아문화연구』제39집.

_____(2017), "일본 화교 · 화인 민족집거지의 형성과 화교단체의 역할",『동북아문화연구』제51집.

김해영 외(2010), "연변 조선족 자치주 민족문화 교육의 활성화를 위한 디지털 스토리텔링 적용",『디지털스토리텔링연구』제5호.

김해영(2014), "중국 조선족학교 민족문화 교육과정 개발의 문제점과 개선 방향",『인문논총』제71권 제4호.

리단 · 전형권(2012), "旅朝华侨在朝鲜"市场经济"中的作用及其机会与风险",『中国学』제41집.

백승대 · 안태준(2013), "국민정체성이 청소년의 다문화수용성에 미치는 영향",『대한정치학회보』제21권 제2호.

스티븐 카슬 · 마크 J 밀러 지음, 한국이민학회 옮김(2013),『이주의 시대』, 서울: 일조각.

신원식 · 배지철(2010), "북한이탈주민의 한국사회 적응에 대한 인식 유형",『사회과학연구』

17권 3호.

유중하(2007), "한중수교 15주년 기회연재: 일본의 차이나타운들 1 – 코오베와 화상대회 그리고 성냥", 『플랫폼』 제4호.

_____(2007), "한중수교 15주년 기회연재: 일본의 차이나타운들 2 – 나가사키 차이나타운, 신치", 『플랫폼』 제5호.

_____(2007), "한중수교 15주년 기회연재: 일본의 차이나타운들 3 – 부루라이또 요코하마", 『플랫폼』 제6호.

이동현(2009), "일본의 3대 차이나타운 특징과 시사점", 『부산발전포럼』 제115호.

이소영(2010), "중앙아시아 코리안 디아스포라 민족정체성 비교 연구: 우즈베키스탄과 카자흐스탄을 중심으로", 전남대학교 석사학위논문.

이정희(2014), "일본의 차이나타운 연구: 고베 난킹마치를 중심으로", 『중앙사론』 제40호.

이정남(2008), "동북아의 차이니스 디아스포라와 국가정책: 한국과 일본의 사례를 중심으로", 『국제지역연구』 제12권 제3호.

이춘호 · 임채완(2014), "결혼이주여성의 다중적 정체성과 세력화에 관한 연구", 『평화학연구』 제15권 3호.

이해춘(2006), "정체성 형성에 있어서 사이버공간의 역할", 『교육연구』 제25권.

임영상 외(2012), 『코리아타운과 한국문화』, 북코리아.

임채완(1999), "중앙아시아 고려인의 언어적 정체성과 민족의식", 『국제정치론집』 제39집 2호.

임채완 · 전형권(2006), 『재외한인과 글로벌 네트워크』, 한울아카데미.

임채완 외(2014), 『코리안 디아스포라의 집단적 기억과 재영토화』, 북코리아.

_____(2014), 『화교 디아스포라의 집단적 기억과 재영토화』, 북코리아.

임채완 · 선봉규 외(2015), 『코리안 디아스포라의 혼종성과 문화영토』, 북코리아.

전형권(2006), "우즈베키스탄의 민족정책과 고려인 디아스포라 정체성-고려인 설문조사 분석을 중심으로", 『슬라브학보』 제21권 제2호.

정영훈(2010), "민족정체성, 그리고 한민족의 민족정체성", 『민족학연구』 제9권 1호(2010).

지충남(2013), "재일동포와 원코리아페스티벌", 『OUGHTOPIA』 제28권 1호

한성미 · 임승빈(2009), "소수민족집단체류지역(ethnic enclaves)으로서의 옌변거리의 장소성 형성 요인 분석", 『한국조경학회지』 제36권 6호.

郭玉聪(2004), "日本华侨、华人的数量变化及其原因", 『世界民族』 2004年第5期.

_____(2005), "日本华侨华人二、三代的民族认同管窥–以神户的台湾籍华侨、华人为

例",『世界民族』2005年第2期.

刘晓民(2005), "近现代日本华侨社会的进展与变化",『南阳资料译丛』2005年1期.

_____(2005), "日本华侨的认同变化",『南阳资料译丛』2005年3期.

鞠玉华(2004), "论日本政府对华侨学校的政策",『东南亚研究』2004年第6期.

_____(2006), "日本新华侨华人状况及未来发展走向论析",『世界民族』2006年第2期.

_____(2008), "对当前日本华侨学校发展状况的思考",『暨南大学华文学院学报』2008年第1期.

蒋海波(2007), "旅日华商团体的早期历史及其法律地位：以神户三江商业会为例的考察",『华侨华人历史研究』2007年第4期.

裘晓兰(2009), "试论日本华侨学校的法律地位及其所带来的问题",『华侨华人历史研究』2009年第1期.

任江辉(2010), "日本华侨学校日汉英三语教育研究",『教育研究』第444期.

吴健一(2002), "日本华侨学校的历史与现状",『东南亚研究』2002年第4期.

吴伯琳(1990),『福建公所今昔录: 财团法人福建会馆的创立及其现况』, 财团法人福建会馆事务所.

王小荣(2012), "日本中华街的发展演变及其认知模式研究",『世界建筑』2012年第7期.

曾志娟(2008), "日本华人华侨的特点",『考试周刊』2008年第8卷.

林兼正(2009),『横浜中华街物语』, 集英社.

王维(2003),『素颜の中华街』, 洋泉社.

张玉玲(2008),『华侨文化の创出とアイデンテイテイ』, ユニテ.

驹井洋・陳天璽・小林知子(2011),『東アジアのディアスポラ』, 明石書店..

リン・パン著・片柳合子译(1995),『华人の历史』, みすず书房.

Abrahanmson Mark, *Urban Enclaue; Identity and Place in the World*, New York: Worth Publishers (2005).

Brubaker, R., Citizenship and Nationhood in France and Germany, Cambridge, Mass: Harvard University Press (1992).

Doby, J. T. Alvin Boskoff and William Pendletoe, *Sociology: The study of Man in Adaptation*, Lexington, MasL D. C. Health and Co. (1973).

Gordon, M. Milton, *Assimilation in American Life: The Role of Race, Religion and National Origin*, New York: Oxford University Press (1964).

일본 통계청, http://www.e-stat.go.jp

고베중화동문학교, http://www.tongwen.ed.jp/index.php

도쿄중화학교. http://tcs.or.jp/

오사카중화학교, http://www.ocs.ed.jp/gakkounaiyou.html#seitosu

요코하마중화학원, http://www.yocs.jp/YOCS/index.php

요코하마야마테중화학교, http://www.yokohamayamate-chineseschool.ed.jp

요코하마화교총회, http://kakyonet.com/

日本法務省入国管理局, http://www.e-stat.go.jp/SG1/estat/List.do?lid=000001127507

横浜中华街, http://www.chinatown.or.jp

横浜关帝庙, http://www.yokohama-kanteibyo.com/

横浜妈祖庙, http://www.yokohama-masobyo.jp/jp/main.html

横浜中华街发展会协同组合, http://www.chinatown.or.jp/guide/q_and_a/

南京町. http://www.nankinmachi.or.jp/

233